MAYHEM
WAS OUR
BUSINESS

*Memorias de
un veterano*

Bilingual Press / Editorial Bilingüe

General Editor
  Gary D. Keller

Managing Editor
  Karen S. Van Hooft

Associate Editors
  Karen M. Akins
  Barbara H. Firoozye

Assistant Editor
  Linda St. George Thurston

Editorial Consultant
  Ingrid Muller

Editorial Board
  Juan Goytisolo
  Francisco Jiménez
  Eduardo Rivera
  Mario Vargas Llosa

Address:
Bilingual Review / Press
Hispanic Research Center
Arizona State University
P.O. Box 872702
Tempe, Arizona 85287-2702
(602) 965-3867

MAYHEM WAS OUR BUSINESS

*Memorias de
un veterano*

Sabine R. Ulibarrí

Bilingual Press/Editorial Bilingüe
TEMPE, ARIZONA

© 1997 by Bilingual Press/Editorial Bilingüe

ISBN 0-927534-64-9

Library of Congress Cataloging-in-Publication Data

Ulibarrí, Sabine R.
   Mayhem was our business = Memorias de un veterano / Sabine R. Ulibarrí.
      p.   cm.
   ISBN 0-927534-64-9 (alk. paper)
    1. Ulibarrí, Sabine R. 2. World War, 1939-1945—Aerial operations, American. 3. World War, 1939-1945—Personal narratives, American. 4. United States. Army Air Forces—Biography. 5. Air pilots, Military—United States—Biography.   I. Title.
D790.U44 1996   96-43060
940.54'4973—dc20   CIP

PRINTED IN THE UNITED STATES OF AMERICA

Cover design by John Wincek

Back cover photo by Cynthia Farah

Acknowledgments

Major new marketing initiatives have been made possible by the Lila Wallace-Reader's Digest Literary Publishers Marketing Development Program, funded through a grant to the Council of Literary Magazines and Presses.

Contents

To Arturo Ortega

Foreword

Atrapadas memorias vibrantes
me hablan desde la losa callada
de algo que el alma no alcanza a abarcar:
de años, y ansias, y anhelos extraños.
—Sabine R. Ulibarrí, "Patria de retorno"

Memory and the refraction of the past through the prism of language and introspection have always been at the center of Sabine Ulibarrí's fiction and poetry. It is fitting that he cap his illustrious career with a memoir, a remembrance of things past that encircles the wisdom of his years. "It was a piece of history, already in orbit in the space of memory," he muses; "it only exists in remembrance and in the written word." This telling passage is the key to Sabine Ulibarrí's memoir, and it pinpoints the heart of autobiographical writing: the art of memory and the reconstruction of the past in words. The lovingly reminiscent *cuentos* in *Tierra Amarilla* and *Mi abuela fumaba puros* have a biographical or autobiographical cast, but in *Mayhem Was Our Business: Memorias de un veterano* the mask of fiction is replaced by the memoirist's veil of selected recollection. Autobiographical forms are the most direct literary revelation of oneself to public scrutiny, and they also carry different freight; the autobiographical mode—the impulse to be both the author and the subject matter of a text—runs a risk. The most obvious risk is the charge of egotism, challenging the writer's presumption that his or her life is of consequence or significance and worth the telling. Ulibarrí masterfully meets the challenge; his memoir is both a partial record of an extraordinary life and a distillation of a momentous period of twentieth-century history.

1

The most interesting and the most valuable autobiographical writings not only tell the story of a person's life but also document or vivify an epoch or a generation. Whether in autobiography or memoir, the exploration of one's past carries more weight when it is placed in the context of cultural history or framed against the historical sweep of important events. Ulibarrí's *Mayhem Was Our Business* stands out in both respects. Against the vast panorama of "the biggest war the world had ever known" and a desperate struggle that pitted millions of men and women against "the most formidable enemy in the history of mankind," Ulibarrí reveals a winsome charm in recounting the story of an inexperienced but spunky young man from Tierra Amarilla who travels to a strange and distant place and takes an active part in one of the great events of the twentieth century. Indeed, Ulibarrí's story is part of a greater story. Assuming the plural voice, he captures the historic moment when he and countless other young men and women left the small towns of New Mexico to enlist and serve their country. Without self-importance, Ulibarrí expresses the forthright patriotism of his generation: "The Hispanos came out of the mountains, out of the valleys, from all the surrounding villages to volunteer for combat duty for their country . . . we heard the roll of distant drums, and we answered the call." In different locations but similar circumstances, young men and women left the small towns and cities of Texas, California, Arizona, and Illinois to answer the call. Hispanos, Chicanos, Latinos, or whatever they called themselves, they contributed an extraordinary chapter to United States military history. This story of courage, sacrifice, and unswerving duty has been documented by Raúl Morín in *Among the Valiant: Mexican Americans in WWII and Korea*. Ulibarrí affirms the historical fact and gives it a personal veracity; since he is too modest and self-effacing in his memoir (not mentioning that he was decorated with the Distinguished Flying Cross and Air Medal

with three Oak Leaf Clusters), it must be noted that Ulibarrí stood among the valiant.

In similar fashion, Ulibarrí marks the turning point in Hispano-Mexican American history that took place after the war, as thousands of veterans enrolled in colleges and universities under the GI Bill: "The GI Bill was the Emancipation Proclamation for the Hispanos." The men and women who had served in the war, who made great sacrifices, and who had helped destroy Nazism refused to accept second-class citizenship, and they laid the foundation for social, political, and educational enfranchisement. In brief, a generation literally baptized by fire would leave an enduring legacy, and their experiences would touch the lives of many: "We, who went to war, didn't return the same. We left something over there, or we picked up something over there. There are millions of us in this country. Not only were we changed, but we in turn have affected and changed all the people related to us. War is not something you hang in the closet."

Ulibarrí's memoir is rooted in history, but the voice that propels his story is not dwarfed by momentous events; rather, a singular and humane voice surfaces with compassion and understanding. It cherishes the kinder moments of the human race and the bond of common humanity found amidst the suspension of human civilization called war.

Writing in 1995, Manuel Alvar of the Real Academia Española summarized Ulibarrí's unique qualities as a writer and as a preserver of the Spanish language; Alvar notes Ulibarrí's expressive humanity: "la carga de ternura, de amor por las cosas pequeñas, de sentimientos por los que sufren" and arching poetic sensibility: "Ulibarrí domina el instrumento lingüístico y lo hace criatura de arte en esa difícil frontera en la que la materia, digamos la palabra, ha encarnado en una realidad evanescente" ("Almas Escindidas," *Blanco y negro,* 12). The same can be said of *Mayhem Was Our Business*. It is marked by the hand of a poet and brims with

poignant refrains, sometimes in the form of nostalgic sweetness and at other times in terse melancholy. Through the mist of forty-five years, he effects a keen nostalgia: ". . . the kindness, the friendship, the generosity she gave to a lonely, melancholy young man in love in time of war as bombs fell and fear reigned." Unquestionably, Ulibarrí possesses both the words and the heart of a poet. Rich in wit and wisdom, the book is a product of the years, as the poet put it, that bring the philosophic mind. Autobiographical writing is essentially the art of memory, and the wisdom of the years shines through in Ulibarrí's calm, measured, and wise storytelling.

The pathos of *Mayhem Was Our Business* rests on nostalgia and the evocation of a youthful past. It is also a story of returning, stressing the elegiac wistfulness of *retorno* and *volver*. Carrying the lyrical waft of the tango, bolero, or poignant folksong, these haunting words speak of home and direct the wanderer homeward. Ulibarrí survived and returned not only to live an exemplary life as educator, scholar, and writer, but also to tell his story. We are the richer for his life's dedication. Among his remarkable accomplishments, he has earned the respect, admiration, and gratitude of generations of students and hosts of colleagues and friends. I also call on memory when I measure the many years of collegiality and friendship with Sabine Ulibarrí. One thought braces both memory and the truth: "Un hombre ejemplar y siempre un caballero."

Antonio C. Márquez
University of New Mexico

El presidente
James Zimmerman

(A guisa de prólogo)

President James Zimmerman
(By Way of Prologue)

Cuando yo era estudiante de tercer año en la secundaria de Tierra Amarilla, el doctor James Fulton Zimmerman, rector de la Universidad de Nuevo México, vino a dar el discurso de graduación. No podría haber habido más que una docena de graduados. ¿Por qué, podemos preguntarnos, el hombre más distinguido, más popular y, por cierto, el más guapo en la educación superior en el estado de Nuevo México se dignaba en honrar una remota comunidad hispánica? La contestación nos da la medida de la estatura y la calidad del hombre que dirigió los destinos de la Universidad de Nuevo México en los 30 y 40. Quiso lo bastante para alcanzar y tocar.

Los ejercicios de graduación eran un acontecimiento en Tierra Amarilla, una pequeña comunidad en las montañas del norte de Nuevo México donde nunca ocurría mucho. Venía gente de por millas alrededor. Cada graduado pertenecía a una familia extendida con muchos parientes. Además, un diploma de secundaria era algo notable en los años 30. En la mayoría de los casos, el graduado era el primero en la familia. De modo que era una ocasión festiva. Los chicos probablemente llevaban su primer traje. Las chicas probablemente llevaban su primer vestido de fiesta. Tierra Amarilla estaba en desfile.

Las preparaciones para este acontecimiento habían empezado hacía meses. La orquesta estaba bien afinada. La comedia a poner estaba depurada, cepillada y lustrada a perfección. La emoción de cosa de una-vez-al-año, el estímulo de algo a todo dar, estaba en el aire.

When I was a junior in the Tierra Amarilla high school in 1936, Dr. James Zimmerman, president of the University of New Mexico, came to give the commencement address. There couldn't have been more than a dozen graduates. Why, you may ask yourself, would the most distinguished, the most popular, and, certainly, the handsomest man in higher education in the state of New Mexico deign to honor a remote Hispanic community? The answer gives you the measure of the stature and quality of the man who directed the destinies of the University of New Mexico in the late thirties and forties. He cared enough to reach out and touch. Graduation exercises were a real happening in Tierra Amarilla, a small community in the mountains of northern New Mexico where very little ever happened. People came from miles around. Every graduate belonged to an extended family with many relatives. Besides, a high school diploma was quite an achievement in the 1930s. In most cases, the graduate was the first one in the family to graduate from high school. So it was a festive occasion. The boys were probably wearing their first dress suits. The girls were probably wearing their very first party dresses. Tierra Amarilla was on parade.

Preparations for this event had been going on for months. The orchestra was fine-tuned. The school play had been scrubbed, brushed, and polished to perfection. The emotion of a once-a-year thing, the excitement of an all-out fling was in the air.

El auditorio se empezó a llenar temprano. La gente estaba extrañamente silenciosa, en honor de la ocasión o respeto al local. Hasta los niños guardaban la paz. La orquesta animó e intensificó la atmósfera de anticipación.

Las primeras palabras del presidente Zimmerman fueron: "Cuando termine este programa quiero conocer a David [David había sido mi nombre en la comedia] y a sus padres. Quiero decirles que tenemos un sitio para él en la Universidad de Nuevo México". Esas palabras cambiaron el cauce de mi vida.

Un año más tarde, después de mi propia graduación, me presenté en el despacho del presidente Zimmerman. Cuando entré alzó los ojos y sonrió: "¡David! ¡Qué gusto!" El que se acordara, la aparente buena voluntad y amistad en la cara al levantarse, acercárseme y ponerme el brazo en el hombro, me enterneció profundamente y me cortó la respiración más que un poco. Vean ustedes, no sólo había dejado mi casa por la primera vez sino había dejado mi cultura en casa y me encontraba en terreno muy ajeno. Él comprendió mi soledad y me hizo saber que no estaba solo. La asociación con la universidad de toda mi vida empezó ese día.

Era yo estudiante en la universidad cuando vino la guerra. Me alisté en las Fuerzas Aéreas y me fui a Europa a ayudarle a Alemania a perder la guerra.

Cuando terminó mi tour de combate, volví a casa con una licencia de treinta días. Estaba en el centro abriéndole la puerta del coche a mi esposa cuando alguien me tocó el hombro. Era el Dr. Zimmerman.

"Bienvenido, David. Hace años te dije que teníamos un sitio en la Universidad de Nuevo México para ti. Te lo repito ahora. Cuando termine la guerra, vuelve. Te necesitamos".

Otra vez, ese hombre que había tenido fe en mí y que había influido en mi vida tan humanamente me enterneció profundamente y me cortó la respiración más que un poco. Dos

The auditorium began filling up long before it was time. The people were strangely silent, in honor of the occasion or in awe of the location. Even the children kept quiet. The orchestra set the mood of expectation.

President Zimmerman opened his remarks with: "When this program is over, I want to meet little David [David had been my name in the play] and his parents. I want to tell him that we have a place for him at the University of New Mexico." Those words marked a turning point in my life.

A year later, after my own graduation, I showed up in President Zimmerman's office. When I came in, he looked up and smiled: "Little David. So glad you made it!" The fact that he remembered, the obvious goodwill and friendship in his face as he stood up, came, and put his arm around my shoulder touched me deeply and choked me up more than a little. You see, I had not only left home for the first time. I had left my culture behind and found myself on very alien turf. He understood my lonesomeness and made me feel that I was not alone. My lifelong association with the university began that day.

I was a student at UNM when the war started. I joined the U.S. Army Air Forces and went off to Europe to help Germany lose the war.

When my combat tour was over, I came home on a thirty-day leave. I was downtown holding the car door open for my wife when someone tapped me on the shoulder. It was Dr. Zimmerman.

"Welcome home, Little David. Years ago I told you we had a place for you at the University of New Mexico. I am saying it again. When the war is over, come back; we need you."

Once again, that man who believed in me and who affected my life so humanely touched me deeply and choked me up more than a little. Two days later I read in the paper that President Zimmerman had died of a heart attack.

días más tarde leí en el periódico que el presidente Zimmerman había muerto de un ataque de corazón. Esto fue hace muchos años. La Universidad de Nuevo México le ha dado su nombre a la biblioteca, merecidamente.

Hoy, en mi vejez, al recoger mis papeles y mis memorias, quisiera ofrecer esta colección como testimonio personal de mi admiración, respeto y gratitud.

That was many years ago. The University of New Mexico named its library after him, rightly so. Today, in my old age, as I gather my papers and memoirs, I would like to offer this collection as a personal testimony of my admiration, respect, and gratitude.

Volunteer

Voluntario

El sueño de mi padre desde no sé cuándo fue que yo asistiera a la Universidad de Georgetown en Wáshington, D.C., a hacerme abogado. Yo lo había sabido siempre y estaba muy contento con la idea. Durante los años de fantasías adolescentes yo me podía ver dando discursos apasionados y dramáticos a jurados embelesados en tribunales llenos de gente. Desde luego, el camino del derecho era el camino mío.

Mi padre murió durante mi último año de secundaria. No me pareció justo irme a Wáshington y dejar a mi madre sola con cuatro hermanitos. De modo que me inscribí en la Universidad de Nuevo México.

Mi madre murió un año después de mi padre. A la edad de diecisiete me encontré padre de una familia de cuatro hermanitos. Abandoné la universidad y empecé a enseñar en las escuelas públicas de Río Arriba con un certificado de emergencia. Esto siguió por cuatro años. Yo asistía a la escuela de verano cada año.

Entonces la mayor de mis hermanas se casó. El mayor de mis hermanos se alistó en la caballería del ejército y pronto lo enviaron al Pacífico. Era 1942 y la Segunda Guerra Mundial estaba en su apogeo. Mi hermana y su marido se ofrecieron a ver de mi hermanito y hermanita.

Había llegado el momento para irme a Wáshington a matricularme en Georgetown. Tenía dependientes y estaba exento a la leva. Tuve que enfrentarme con un dilema moral. Los americanos estaban muriendo en lugares remotos. Justifiqué mi decisión convenciéndome que ya había espe-

E ver since I can remember it had been my father's dream for me to attend Georgetown University in Washington, D.C., and become a lawyer. I had always known it and liked the idea very much. During the daydream years I could see myself delivering passionate and dramatic discourses to awe-struck juries in crowded courtrooms. Yup, the way of the law was the way for me.

My father died when I was a senior in high school. I didn't feel it was right for me to run off to Washington and leave my mother with four younger brothers and sisters. So I enrolled at the University of New Mexico instead.

My mother died a year after my father. At the age of seventeen I found myself the parent of four younger siblings. I quit the university and began teaching in the public schools of Río Arriba with an emergency certificate. This went on for four years with me attending summer school ever year.

At this time the oldest of my sisters got married. The oldest of my brothers enlisted in the First Cavalry and was promptly shipped to the Pacific. It was 1942 and the Second World War was in full swing. My sister and her husband agreed to look after the younger brother and sister.

The time had come for me to go to Washington to enroll in Georgetown. I had dependents, so I was exempt from the draft. I was facing a moral dilemma. Americans were dying in far-off places. I justified my decision by saying to myself that I had waited and wasted years to fulfill my father's and my own dream. Another consideration, much less noble, was

rado y gastado años para realizar el sueño de mi padre y el mío. Hubo otra consideración, mucho menos noble, y fue que yo me consideraba demasiado inteligente para ser carne de cañón.

Me presenté en la oficina del senador Dennis Chávez. Él no me conocía a mí pero conocía a mi padre y a mis tíos. Le dije que quería asistir a la escuela de derecho y necesitaba un empleo.

—¿Qué puedes hacer?

—Me he especializado en español, y me defiendo bien.

—¿Por qué no tomas el examen del servicio civil?

—Ya fui con ellos y me dijeron que no se dará el examen por seis meses. Me moriré de hambre mucho antes de eso.

Entonces el senador le dijo a su secretaria que le consiguiera al servicio civil en el teléfono. Resultó que me dieron el examen a mí solo. Porque saqué una nota sobresaliente en el examen conseguí un puesto de supervisor en la oficina de finanzas del Departamento de Guerra. La oficina tenía una regla que la correspondencia que llegaba en español tenía que ser contestada en español. Ahora podía sentirme contribuyente al esfuerzo de la guerra. Ahora podía escaparme de la guerra, conseguir mi título de abogado, sin exponer el pellejo a las balas y heridas del loco destino.

Trabajaba en un edificio donde había quinientos empleados. De estos sólo doce eran hombres, y éstos estaban ya entrados en años o impedidos. Yo tenía solamente veinte y dos años y perfecta salud.

Al principio fue muy grato y halagador. Nunca había recibido yo la atención del otro sexo que estaba recibiendo ahora. Wáshington era una ciudad de mujeres sin hombres. Estaba en mi gloria. Lo tenía todo. Un joven capacitado en un mundo de hombres incapacitados.

Algo que yo no había anticipado. Me tenía que hacer la barba todas las mañanas. Cada mañana me miraba en el espejo. Cada día me sentía más avergonzado, más humillado.

that I thought of myself as much too intelligent to be cannon fodder.

I showed up in Senator Dennis Chávez's office. He didn't know me, but he knew my father and all my uncles. I told him that I wanted to go to law school and needed a job.

"What can you do?"

"I majored in Spanish in college and am very good at it."

"Why don't you take a civil service examination?"

"I've already been there, and they've told me that the exam won't be given for another six months. I'll be dead of starvation long before that."

At this point the senator told his secretary to get the civil service on the phone. It turned out that I was given the exam all by myself. As a result of the high ranking I received in the exam, I was given a supervisory position in the Finance Office of the War Department. The office had a policy that all correspondence that came in in Spanish had to be answered in Spanish. I could now feel that I was contributing to the war effort. I could now sweat out the war and get my law degree without exposing my hide to the wounds and bullets of outrageous chance.

I worked in a building that had hundreds of employees. Of these only twelve were men, and they were overage or disabled. I was twenty-two and perfectly healthy.

At first it was gratifying and flattering. I had never received the attention from the opposite sex that I was receiving now. Washington was a world of women without men. I'd never had it so good. I had it made. An able-bodied young man in a world of disabled-bodied men.

Something I hadn't counted on: I had to shave every morning. Each day I'd look at myself in the mirror. Each day I felt more ashamed, more humiliated. This went on for three months. I was already enrolled at George Washington University night school. I had discovered I couldn't afford the tuition at Georgetown.

Esto siguió por tres meses. Ya estaba matriculado en la escuela de noche de la Universidad de George Washington. Había descubierto que la matrícula de Georgetown era demasiado cara.

Fui a mi supervisora y le dije que quería renunciar para entrar en el servicio militar. Ella me dijo que no podía renunciar porque estaba "helado" a mi puesto. "Hay guerra, ¿no lo sabe usted?"

Fui con el supervisor de ella. La misma cosa. Insistí y al fin resulté en la oficina de un viejo coronel con cabello blanco. Me escuchó cómo yo tenía que entrar en la guerra. Salió de detrás de su escritorio y me puso la mano en el hombro. "Comprendo lo que sientes, hijo. Yo también quiero entrar, pero dicen que estoy muy viejo". Sentí lástima por el viejo.

Le puse un telegrama a mi novia Connie y le pedí que se casara conmigo. Volví, me casé y me alisté en la misma semana. Me alisté como cadete en reserva en las Fuerzas Aéreas del Ejército. Quería ser piloto. Pasar la guerra a pie y dormir en el suelo frío no tenía ningún atractivo para mí.

Se tardaron seis meses para llamarme. De modo que disfruté de una larga luna de miel. Me reporté a una base en Santa Ana, California. Sufrí una batería de pruebas que aprobé con distinción. Eso creí.

Ya en la escuela de pilotos, me llamaron para una comprobación. Descubrieron que me temblaban las manos, una condición que había tenido desde niño. Me eliminaron de los cadetes y me asignaron a una escuela de ametralladores. Quedé deshecho, abatido. La primera vez en mi vida que no había conseguido lo que me había propuesto.

En la escuela de artillería en Las Vegas, Nevada, iba yo a descubrir cosas nuevas de mí mismo.

En el campo de disparos tenías que estar recto como un poste, tener la .45 con el brazo tieso y disparar a la orden. Ya he dicho que me temblaban las manos. Yo no podía hacer eso. No podía mantener la pistola en el blanco. Mi manera, y

I went to my supervisor and told her I wanted to resign to enter military service. She told me I couldn't resign, that I was stuck in my job. "There's a war on, you know."

Her superior was next. The same thing. I insisted and finally ended up in the office of a white-haired old colonel. He listened to me and how I just had to get into the war. He came around from behind his desk and put his hand on my shoulder. "I understand how you feel, son. I want to get in too, but they say I'm too old." I felt sorry for the elderly man.

I wired my girlfriend Connie and asked her to marry me. Came home, married, and enlisted in the same week. Enlisted as a reserve cadet in the U.S. Army Air Force. I wanted to be a pilot. Walking through the war and sleeping on the cold, cold ground did not appeal to me.

It took them six months to call me. So I enjoyed a long honeymoon. I reported to an air base in Santa Ana, California, and underwent a battery of tests, all of which I passed with flying colors. Or so I thought.

Already in pilot school, I was called back for a recheck. They discovered that my hands shook, a condition I'd had since childhood. They eliminated me from cadets and assigned me to a gunnery school. I was demoralized, shattered. The first time in my life I had failed in something I had set out to do.

In gunnery school in Las Vegas, Nevada, I was to find out new things about myself. At the firing range you were supposed to stand ramrod straight, hold your .45 at stiff arm's length, and fire on command. I've already said my hands shook. I could not do that. I couldn't keep my gun on the target. My way—and I had a lot of experience at it—was to bring the gun down in an arc in a steady movement and fire when the swing and the target crossed. The firing range officer saw my unorthodox stance and stopped all firing. A sergeant came and began to scream at me. When he was through berating me, I said, "Why don't you look at the tar-

ya tenía mucha experiencia en ello, era bajar el arma en un arco con movimiento estable y disparar cuando el movimiento y el blanco se cruzaban. El oficial del campo vio mi actuación inortodoxa y paró los disparos. Vino un sargento y me empezó a gritar. Cuando terminó de reñirme, le dije, "¿Por qué no mira el blanco?" Fue, lo vio y descubrió que yo estaba poniendo las balas en el blanco o muy cerca de él. Salí ganándome una condecoración como tirador.

Disparar a un blanco en movimiento vino después. Una carreta sobre rieles tiraba una larga manga blanca a una velocidad designada detrás de un bordo de tierra. Sólo el blanco era visible. Nosotros, los ametralladores, boca abajo en el suelo le disparábamos. Las balas estaban bañadas en cera a colores; distinto color para cada ametrallador. Al pasar la bala por la tela dejaba su color impreso. Los agujeros coloreados eran contados para determinar los tantos de cada tirador. Años de disparar a gavilanes a todo volar, a venados, coyotes, conejos y perdices a todo correr me habían preparado para esto. Salí con tantos sobresalientes.

Luego vino el disparar aire a aire. El blanco en movimiento y la plataforma en movimiento. Un avión tiraba una larga manga blanca con un cable. Nosotros, en otro avión, le disparábamos. La balística es complicada. No le tiras al blanco. Le tiras al punto donde va a estar el blanco cuando llegue tu bala. De modo que apuntas adelante y por encima del blanco. Según resultaron las cosas, este entrenamiento no me hizo falta porque en combate me dieron una mira automática que hacía todos estos cálculos para mí.

De Las Vegas, Nevada, me enviaron a Amarillo, Texas, a la escuela de ingeniería aeronáutica. Luego me mandaron a Dyersburg, Tennessee. Nuestra tripulación de diez fue organizada allí, y allí recibimos nuestro entrenamiento de combate en serio. Cuando esto terminó, nos transportaron a Kearney, Nebraska, donde nos dieron un B-17 flamantito. Volamos este avión a Newfoundland y de allí a Belfast,

get?" He did and found out I had been placing my bullets at and around the bull's-eye. As it turned out I got a decoration as a marksman.

Shooting at a moving target came next. A cart on a track carried a long, white sleeve at a designated speed behind a mound of earth. Only the target was visible. We, the gunners, would lie prone and fire machine guns at it. The bullets were dipped in colored wax, a different color for each gunner. As the bullet went through the target it left its color imprint. These were counted to determine each gunner's score. Years of firing at hawks on the wing and deer, coyotes, rabbits, and grouse on the run had prepared me for this. I came out with a top score.

Then came air-to-air firing. A moving target and a moving platform. A plane pulled a long, white sleeve on a cable. We, in another plane, would fire at it. The ballistics are complicated. You did not fire at the target, you fired at the spot where the target would be when your bullet got there. You had to gauge the speed of your target and the speed of your platform and make the necessary adjustments. You also had to calculate wind velocity and the pull of gravity on your bullet. So you aimed ahead and above your target. As it turned out, I didn't need all of this training because in combat I had an automatic gun sight that made all of these calculations for me.

From Las Vegas, Nevada, I was sent to Amarillo, Texas, to aeronautical engineering school. Then I was shipped to Dyersburg, Tennessee. Our crew of ten was assembled there, and our combat training took place in earnest. When this was over, we were shipped to Kearney, Nebraska, where we were issued a brand-new B-17. We flew this plane to Newfoundland and from there to Belfast, Ireland. We went by train to Wellingborough, England, where we were assigned to a bomb group and a combat squadron. We were to start

Irlanda. Fuimos por tren a Wellingborough, Inglaterra, donde nos asignaron a un grupo de bombardeo y a un escuadrón de combate. Íbamos a empezar a volar de inmediato. Los dados estaban ya lanzados, la suerte echada. Mis días en uniforme habían sido una vorágine de intensa actividad, un calidoscopio de forma, color y movimiento. Todo ello tan ajeno y tan remoto de mi experiencia, cultura y tradición. Todo había ocurrido tan rápido, en lugares y circunstancias desconocidas, que yo no había podido explicármelo o podido alcanzarme a mí mismo. Aquí estaba yo, un hispano del norte de Nuevo México, estudiante universitario especializándose en lenguas extranjeras, un abogado por ser, listo para entrar en la mayor guerra que el mundo había conocido a enfrentarme con el enemigo más formidable en la historia de la humanidad. Es imposible para mí recordar cuáles eran mis sentimientos entonces, fuera de asombro, confusión y terror.

Cuando yo entré en el servicio, mi hermanito tenía diez y seis años. Una vez que me fui, mintió a las autoridades sobre su edad y se alistó en la marina. Éramos tres hermanos, y los tres hicimos la guerra como voluntarios. Esto no tiene nada extraordinario: Nuevo México está lleno de veteranos hispanos de las guerras que fueron voluntarios.

flying immediately. The dice had been tossed. Our lot was cast.

My time in uniform had been a vortex of intense activity, a kaleidoscope of pattern, color, and motion. All of it so alien and so remote from my experience, culture, and tradition. All of it had happened so fast, in unfamiliar places and circumstances, that I had not been able to sort it out or catch up with myself. There I was, a Hispano of northern New Mexico, a university student majoring in foreign languages, a would-be lawyer, about to enter the biggest war the world had ever known to face the most formidable enemy in the history of mankind. it is impossible for me to remember what my feelings were, other than amazement, confusion, and fear.

When I entered the service, my brother was only sixteen. As soon as I left, he lied to the authorities about his age and enlisted in the navy. We were three brothers, and all three of us fought in the war as volunteers. There is nothing unusual about this. New Mexico is full of Hispanic war veterans who were volunteers.

No hay retorno

No Return

Era el año de 1941. El país estaba pasando por las últimas y horrendas ráfagas de una depresión devastadora. La guerra en Europa ya había empezado. El día siete de diciembre de ese año los japoneses bombardearon Pearl Harbor. La siguiente mañana había largas colas de jóvenes en la junta de reclutamiento en Tierra Amarilla. Los hispanos salieron de las montañas, de los valles, de todas las aldeas circundantes a alistarse como voluntarios en las fuerzas armadas por su patria.

Fue una efusión espontánea y natural de sentimiento patriótico, de orgullo patriótico. Oímos el rumor de remotos tambores y respondimos.

Queríamos luchar por nuestra patria, nuestra manera de ser, nuestra tierra natal. Nuestra patria no era la de rebosantes, animadas y excitantes ciudades como Nueva York, Chicago o San Francisco. No era la de vastos campos de grano y maíz del Midwest, los campos de algodón y tabaco del Sur, los imperios de petróleo y ganado de Texas; no era la gloria de los equipos de fútobl de Notre Dame, Nebraska y UCLA; no era la adicción al pasatiempo nacional del béisbol. No era tampoco la tierra de los peregrinos o la tierra de las primeras trece colonias.

Nosotros, los hispanos, creíamos en—nos apegábamos a— nuestras montañas norteñas con su historia y su cultura. Esa era América para nosotros. Toda la gloria y el encanto más allá de nuestros horizontes era desconocido para nosotros.

The year was 1941. The country was passing through the ragged and scraggly tail end of a devastating depression. The war in Europe had already started. On December 7th of that year the Japanese bombed Pearl Harbor.

The following morning there were long lines of young men at the Tierra Amarilla draft board. The Hispanos came out of the mountains, out of the valleys, from all the surrounding villages to volunteer for combat duty for their country. It was a spontaneous and natural effusion of patriotic feeling, patriotic pride. We heard the roll of distant drums, and we answered the call.

We wanted to fight for our country, for our way of life, our native land. Our country was not the teeming, bustling, exciting cities like New York, Chicago, or San Francisco. It was not the vast fields of grain and corn of the Midwest, the fields of cotton and tobacco of the South, the oil and cattle empires of Texas; not the glory of the football teams of Notre Dame, Nebraska, and UCLA; not the addiction to the national pastime of baseball. It wasn't even the land of the Pilgrims or the land of the Founding Fathers.

What we, the Hispanos, believed in, held on to, cared about, was our northern mountain land with its history and its culture. That was America to us. All the glory and the glamour beyond our horizons was unknown to us. We had never seen, experienced, or wanted the Yankee-Doodle-Dandy thing.

Nunca habíamos visto, experimentado o deseado la cosa Yankee-Doodle-Dandy.

Lo que estábamos dispuestos a pelear por, sufrir por, morir por era nuestra vida hispana. Un ranchito al pie de la montaña, una partida de ovejas paciendo en la ladera, una procesión de Semana Santa, un rodeo en el otoño, un fandango el sábado por la noche, unas elecciones donde elegíamos solamente a hispanos. Una fiesta por cada ocasión.

Es que la bandera americana, la Constitución americana y la indiferencia americana nos habían dado la libertad que los hispanos del mundo entero sólo han soñado. Nosotros estábamos muy agradecidos.

En los remotos campos de batalla los hispanos nuevomexicanos probaron su temple. Al fin y al cabo somos de un pueblo guerrero. Luchamos por ocho siglos con los moros del norte de África. Luchamos en las guerras de la conquista del Nuevo Mundo. Luchamos en la Guerra Civil y en la Primera Guerra Mundial. En lejanos cielos, en remotos mares y distantes tierras nos sentimos y fuimos americanos. No hay racistas ni ateos en las trincheras de un mundo roto de guerra.

Los hispanos volvieron de la guerra con más condecoraciones por valentía que ningún otro grupo en los Estados Unidos. Tal vez con más bajas que otros grupos. Hay razones culturales, religiosas y sicológicas para esto.

Cuando volvimos ya no éramos los mismos. Habíamos dejado hogares sin agua corriente, sin electricidad, con privados exteriores. Habíamos visto Londres, París, Berlín, Roma, Manila, Singapore, Tokyo. De ninguna manera íbamos a volver a seguir las ovejas, el arado o al patrón político.

La Segunda Guerra Mundial, dada toda la angustia que trajo, fue la cosa más grande que jamás había ocurrido al pueblo hispánico de Nuevo México. Primero, nos abrió los ojos, vimos vistas y horizontes que ni creíamos que existían. El nuevo panorama fue una expansión para el espíritu. Ahora

What we were ready to fight for, suffer for, die for, was our Hispanic way of life. A ranchito at the foot of the mountain, a flock of sheep grazing on a hillside, a procession during Holy Week, a rodeo in the fall, a fandango on Saturday night, an election where we elected only Hispanos. A fiesta for any occasion.

It's that the American flag, the American Constitution, and American indifference had given us the kind of freedom that Hispanos the world over have only dreamed of. We were grateful.

In the far-flung theaters of war New Mexican Hispanos proved their mettle. After all, we came from a warrior people. We had fought for eight hundred years against the Moors of North Africa. We had fought in the wars of conquest of the New World. We had fought in the Civil War and World War I. In faraway skies, in the distant seas and remote lands we felt like and were Americans. There are no racists and no atheists in the trenches of a war-torn world.

The Hispanos came back from the war with more decorations for bravery than any other group in the United States. Probably with more casualties than most groups. There are cultural, religious, psychological reasons for this.

When we came back from the war, we were not the same. We had left homes without running water, without electricity, with outside toilets. We had seen London, Paris, Berlin, Rome, Manila, Singapore, Tokyo. There was no way we were going to go back to following the sheep, the plow, or the political *patrón*.

The Second World War, given all the sorrow that came with it, was the greatest thing that ever happened to the Hispanic population of New Mexico. It opened our eyes. We saw vistas and horizons we didn't even think existed. The new panorama provided an expansion of the spirit. Now we wanted something more. We had become accustomed to something more.

queríamos algo más. Nos habíamos acostumbrado a algo más.

Nos habíamos ganado nuestros credenciales como ciudadanos americanos. Habíamos pagado nuestras cuotas en los tableros de la convicción y la fe. No estábamos dispuestos ya a aceptar ningún desprecio de ningún patrón, administrador o supervisor. Había nacido una nueva era.

El GI Bill fue la Proclamación de Emancipación para los hispanos. Nos abrió las puertas de la universidad y de la oportunidad, cerradas hasta entonces. Las páginas amarillas de la guía de teléfonos son vivo testimonio de esta realidad. Miren las secciones sobre médicos, dentistas, contadores, negociantes. Están llenas de nombres hispanos. La mayor parte de ellos como resultado del GI Bill. Nuestros hijos no van a cuidar ovejas, sembrar frijoles o recoger la basura. Somos americanos al fin.

Siento un reverente y profundo amor por la montaña y por la vida que conocí allí. Esas tierras me hicieron hispano primero, y americano después. Valió la pena luchar por ellas. Muchos lo hicieron y murieron. Algunos de nosotros lo hicimos y no lo olvidamos.

We had earned our credentials as American citizens. We had paid our dues on the counters of conviction and faith. We were not about to take any crap from any boss, administrator, or supervisor. A new age had been born.

The GI Bill was the Emancipation Proclamation of the Hispanos. It opened the doors of the university and of opportunities formerly closed to us. The yellow pages of the telephone directory are open testimony to that fact. Look at the sections on doctors, dentists, accountants, businessmen. They are full of Hispanic names. Most of them because of the GI Bill. Our children are not going to herd sheep, plant beans, or collect garbage. We are Americans at last.

I hold a reverent and deep love for the mountains and the life I knew there. The mountains made me a Hispano first and an American next. They were worth fighting for. Many did and died. Some of us did and don't forget.

Entrenamiento de combate

Combat Training

Después de graduarme de la escuela de ingeniería aeronáutica en Amarillo, Texas, y de la escuela de artillería en Las Vegas, Nevada, me enviaron a Dyersburg, Tennessee, para el entrenamiento de combate. Tenía ya divisa de jefe de tripulación y tenía rango de sargento.

En Dyersburg fui asignado a una tripulación; un piloto, un copiloto, un navegador, un bombardero, un operador de radio, un jefe de tripulación y cuatro artilleros. Diez extranjeros destinados a ser un equipo de combate. Cada uno de nosotros sabía que la supervivencia de cada uno dependía de la actuación de cada uno de los otros. Nuestros destinos estaban fundidos por la duración de la guerra.

Cuando tal responsabilidad—la vida de tus camaradas—desciende sobre ti, no sabes precisamente qué hacer con ella. Nos acercamos uno al otro un tanto cautelosa, un poco tentativa, algo tímida, acaso desconfiadamente. Así empezó el proceso de llegar a conocernos, de aprender a depender el uno del otro, que culminó en un lazo, una amistad que no he vuelto a conocer.

Nos dieron un avión bombardero B-17. Volábamos misiones de entrenamiento de alta altura todos los días y despositábamos bombas en blancos designados. Aprendimos a enfrentarnos con los peligros y dificultades de vuelos en intenso y letal frío, a depender de un abastecimiento artificial de oxígeno, qué hacer en emergencias, cómo comunicar. El uso de nuestras armas y equipo se hizo natural y automático.

After graduating from aeronautical engineering school in Amarillo, Texas, and gunnery school in Las Vegas, Nevada, I was sent to Dyersburg, Tennessee, for combat training. I was trained to be a crew chief and now held the rank of sergeant.

In Dyerburg I was assigned to a combat crew: a pilot, a copilot, a navigator, a bombardier, a radio operator, a crew chief, and four gunners. Ten strangers destined to become a fighting team. We all knew that each one's survival depended on the performance of each one of the others. Our destinies were linked for the duration.

When such a responsibility—the lives of your comrades—weighs on you, you don't quite know how to handle it. We approached one another somewhat gingerly, a little tentatively, kind of sheepishly, perhaps suspiciously. So the process of getting to know one another, learning to depend on one another began, culminating in a bond, a friendship that I've never known since.

We were assigned a B-17 bomber. We flew high-altitude training missions daily and dropped bombs on designated targets. We learned to cope with the perils and difficulties of flying in intense and lethal cold, to depend on an artificial supply of oxygen, what to do in emergencies, how to communicate. The use of our weapons and equipment became second nature to us.

I'll never forget the first time I went down into my plexiglass ball turret. I looked down and saw the ground

Nunca olvidaré la primera vez que bajé a mi globo de plástico fuera del avión. Miré y vi el suelo, sabiendo que tenía que salir del avión, y un mareo todopoderoso me invadió, una náusea furibunda se apoderó de mí. Bajé una pierna. El poderoso torrente de viento de los hélices la atrapó y la sacudió. Yo me morí de miedo. Hizo falta más coraje bajar al globo que enfrentar al enemigo más tarde. Una vez dentro, hizo falta más fuerza de voluntad para no vomitar que la que he necesitado desde entonces.

Por entonces mi recién esposa vino a visitarme. Me permitieron vivir fuera de la base. Tomaba un autobús a la base temprano por la mañana y volvía a casa por la tarde. La vida era buena de veras.

Nuestras misiones se habían hecho bastante rutinarias, hasta aburridas. Los únicos verdaderamente ocupados eran el piloto, el navegador y el bombardero. Los demás de nosotros teníamos poco o nada que hacer.

De modo que fue fácil convencer a mi piloto que me dejara pasar el tiempo con mi esposa. La tripulación despegaba todas las mañanas en sus misiones asignadas, y yo me quedaba en casa con mi esposa. No obstante, mi nombre aparecía en la lista de los volantes.

Ocurrió que en una ocasión el avión se metió en una nube eléctrica. La electricidad, el poder, la dinámica de esa nube puso el avión boca arriba. Allí estaban. Volando boca arriba a la altura de los árboles en un bombardero de cuatro motores. ¿Cómo pudo el piloto, yo no sé, y él tampoco lo sabe, enderezar esa máquina volante y hacerla aterrizar a salvo? Se suponían morir, pero no murieron.

Cuando yo supe del milagro, me estremecí profundamente. Supongamos que se hubieron estrellado, mi nombre habría aparecido entre los muertos. Habría tenido entonces que reportarme a encararme a una corte marcial por estar ausente sin permiso. O hacerme el muerto y pasarme la guerra en anonimidad. La idea de ser un hombre sin nombre,

below, knowing that I had to step out of the plane, and an overpowering dizziness took hold of me, an unnerving nausea came over me. I lowered one leg. The powerful prop wash of the propellers grabbed and shook it. I was filled with fear. It took more courage to get into that turret than it did to face the enemy later. Once inside, it took more willpower to keep from throwing up than I've ever had to muster for anything else.

About this time my new bride came to visit me. I was allowed to live off-base. I'd take a bus to the base in the early morning and come home in the late afternoon. Life was good, indeed.

Our missions had become quite routine, even boring. The only ones actively involved were the pilot, the navigator, and the bombardier. The rest of us had little or nothing to do.

So it was easy to convince my pilot to let me spend time with my wife. The crew would take off every morning on its assigned missions, and I would stay home with my bride. My name, however, was included in the list of the flying crew.

It so happened that on one of those missions the plane flew into a thundercloud. The electricity, the power, and the dynamics of that cloud flipped the plane on its back. There they were, flying upside down at treetop level in a four-engine bomber. How the pilot managed to straighten that flying machine and bring it in for a safe landing, I don't know, and he didn't know either. They thought they were going to die, but they didn't.

When I found out about this miracle, I was terribly shook-up. Supposing they had crashed. My name would have been listed among the dead. I would then have had two alternatives. I could report and face a court martial for being absent without leave. Or play dead and sweat out the war in anonymity. The thought of being a man without a name, without an identity, without a country was utterly frightening

sin identidad, sin patria era totalmente espantosa e inaceptable. Celebro que nunca tuve que hacer esa decisión, por un lado o por el otro.

Al terminarse nuestro entrenamiento nos enviaron a Kearney, Nebraska, a recoger nuestro avión de combate y a partir para ultramar.

and unacceptable. I am glad I never had to make that decision, one way or the other.

At the end of our training we were shipped to Kearney, Nebraska, to pick up our combat plane and to fly overseas.

Ultramar

Overseas

En Kearney, Nebraska, en la primavera de 1944, cuando aún había mucha nieve en el suelo, nos entregaron nuestro avión bombardero, un B-17 flamantito. Nuestra tripulación, recién formada, tomó posesión del aparato con un orgullo, un afecto posesional, difícil de explicar. Esa nave nos llevaría a la victoria y al porvenir o llegaría a ser nuestro ataúd y nuestro fin. No se puede comparar nuestro apego y sentimiento en aquellas circunstancias y en aquel tiempo a algo de acá y de ahora. La vida y la muerte estaban en la balanza allí y entonces. No existe tal balanza aquí y ahora. Todo en nuestra nave gris era nuevo, último modelo. La tecnología más moderna en el arte de guerra. Cada uno de nosotros colonizó y se estableció en su nicho, el rinconcito mismo en el que se encararía al enemigo. Yo acaricié mis armas y armaduras. Froté con cariño la mira automática de mis ametralladoras con los dedos.

Allí nos dieron también nuestro equipaje: quinina para la malaria, redes para los mosquitos, uniformes de verano, machetes para la selva. Esto nos cogió de sorpresa. No sé por qué habíamos asumido que íbamos a Europa. Íbamos al Pacífico.

No fue hasta que estábamos en el aire que el piloto abrió sus órdenes selladas y nos informó por el intercom que nuestro destino era en realidad Europa. Todo eso del equipaje tropical fue para despistar al enemigo. Al parecer había espías en todas partes. Yo no sé si confundieron al enemigo. Lo que sí sé es que la confusión nuestra fue total.

n Kearney, Nebraska, in the spring of 1944, when there was still a great deal of snow on the ground, we were given our bomber, a brand-new B-17. Our recently formed crew took possession of the ship with a pride and a possessive affection that is difficult to explain. That ship would carry us to victory and into the future, or it would be our coffin and our end. It is impossible to compare our attachment and our feelings in those circumstances and at that time to anything in the right here and in the right now. Life and death were in the balance then and there. No such a balance exists here and now.

Everything in our gray ship was new, the latest model. The most advanced technology in the art of war. Each one of us took possession of and settled in his own niche, the very corner in which he would face the enemy. I caressed my weapons and armaments. I fondled my automatic gun sight with my fingers. They issued us our equipment there too: quinine for malaria, mosquito nets, summer uniforms, machetes for the jungle. This took us by surprise. I don't know why we had assumed we were going to Europe. We were going to the Pacific.

It wasn't until we were in the air that the pilot opened his sealed orders and informed us on the intercom that our destination was, in fact, Europe. The whole thing about the tropical equipment was to deceive the enemy. Apparently there were spies everywhere. I don't know if they confused the enemy. What I do know is that they confused us completely.

Volamos a una base aérea en Newfoundland. Le escribí a mi esposa. "Ando en tierras de la mujer extraña y espero ir a ver el *King Lear* de Shakespeare". Es que ya nuestras cartas eran censuradas. Mi esposa y yo habíamos leído una novela titulada *La mujer extraña* localizada en el estado de Maine. Mi intención era hacerla saber que iba por el Este con dirección a Inglaterra. Lo conseguí. Entonces, ahora y siempre vale la pena saber leer entre líneas y entre palabras.

Había en Newfoundland más nieve que en el Polo Norte, creo yo. La vida se hacía bajo toneladas de blanca nieve, metro sobre metro, capa sobre capa de espumoso hielo. Para llegar de nuestro dormitorio al comedor teníamos que pasar por un túnel de nieve, liso y relumbroso, como un metal desconocido. Es curioso cómo una manta de hielo y nieve cobija y calienta. Era bien cómodo y abrigado en ese mundo subterráneo. Recuerdo con todo cariño lo más atractivo de aquel sitio, el Club USO. Las chicas de Newfoundland, las que vimos, eran bien guapas y amables en todo sentido, y los tragos de whiskey valían veinte y cinco centavos.

Nos suponíamos salir sin demora y así fue. Estábamos todos colocados bien apretados en el departamento del radio. El avión aceleraba para despegar. De pronto se llenó el avión de humo. El piloto logró frenar a tiempo en el mismo fin de la pista. Salimos disparados.

No fue nada serio. Fue un pequeño motor que operaba un mecanismo del ala. Tuvimos que esperar hasta que nos enviaran uno nuevo de Estados Unidos. Esto tardó varios días.

Salimos otra vez. Esta vez con éxito. Despegamos al ponerse el sol. Esto era para cruzar el Atlántico de noche y así burlar al enemigo. El vuelo fue bien largo, catorce horas. Como nadie podía dormir nos pasamos el tiempo jugando al póker.

Aterrizamos en Belfast, Irlanda. Apenas paró el avión abordó un oficial. Nos ordenó que sacáramos nuestro

We flew to an air base in Newfoundland. I wrote to my wife, "I am in the land of the strange woman, and I expect to see Shakespeare's *King Lear*." Our letters were being censored already. My wife and I had read a novel entitled *The Strange Woman* set in the state of Maine. My intention was to let her know that I was in the East on my way to England. It worked. Then, now, and always it's worthwhile to know how to read between the lines and between the words.

There was more snow in Newfoundland than on the North Pole, I think. People lived under tons of white snow, yards and yards, layer upon layer of frothy ice. In order to get from our dormitory to the mess hall we had to go through a tunnel of snow, smooth and luminous like some unknown metal. It is amazing how a blanket of snow and ice provides shelter and warmth. It was quite cozy and comfortable in that underground world. I remember with affection the USO Club, the most attractive part of that place. The Newfoundland girls, the ones we saw, were quite lovely and friendly in every way, and whiskey was twenty-five cents a drink.

We were supposed to leave without delay. And that is the way it happened. We were all packed together in the radio compartment. The plane was racing down the runway. Suddenly the plane was full of smoke. The pilot managed to stop the plane at the very end of the runway. We got out in a hurry.

It wasn't anything serious. It was a small motor that operated a mechanism in the wing. We had to wait until they sent us a new one from the States. This took several days.

We tried again. This time we succeeded. We took off at sunset in order to cross the Atlantic at night and avoid the enemy. The flight was quite long, fourteen hours. Since nobody could sleep, we passed the time playing poker.

We landed in Belfast, Ireland. As soon as the plane landed an officer came on board. He ordered us to remove our personal equipment immediately because the plane was taking off in ten minutes. They were taking it to a secret base where

equipaje personal en seguida porque el avión iba a despegar en diez minutos. Se lo llevaban a una base secreta donde le iban a instalar armamento secreto. ¡Cómo nos dolió perder un avión que considerábamos nuestro, en el que habíamos depositado tanta ilusión! Nunca supimos qué pasó con el equipo tropical.

Nos llevaron a un campamento cercano donde pasamos varios días. Las barracas estaban salpicadas por el campo, todas bajo un árbol. No se podían ver del aire. Como no teníamos nada que hacer salíamos de paseo por el campo y conversábamos con los campesinos irlandeses. Según ellos el verdadero enemigo eran los ingleses y no los alemanes. Nosotros, que no queríamos a los ingleses tanto, no decíamos nada. Les comprábamos pan, queso y vino y disfrutábamos un alegre día de campo.

Nos habían dicho que antes de entrar en combate asistiríamos a una escuela en Inglaterra. Allí aprenderíamos de las últimas estrategias, maniobras y armamentos de los alemanes. No fue así. Se nos anunció arbitrariamente que tendríamos que presentarnos en seguida en una base aérea donde un escuadrón aéreo había sido totalmente eliminado por la aviación alemana.

Fuimos por tren por Irlanda y Escocia hasta Inglaterra. Directamente a Wellingborough. Llegamos ya noche. Entramos en nuestra barraca, ocupada un par de días antes por jóvenes americanos que ahora estaban ya muertos o prisioneros. Allí estaba su ropa colgada. Las fotos de padres, familias, esposas, novias. Estaba todo, menos ellos. Nos tocó a nosotros mismos recoger las posesiones personales de cada quien y entregarlas en la bodega designada. No puedo ahora—acaso no pude entonces—analizar las emociones que nos embargaban. Sólo sé que andábamos estremecidos hasta el tuétano. No creo que ninguno de nosotros pudiera dormir aquella noche en la misma cama donde durmió un camarada que ya no estaba con nosotros.

they were going to install secret armaments on it. How it hurt us to lose a plane which we already considered ours, in which we had deposited so much illusion! We never knew what happened to the tropical equipment.

They took us to a nearby base where we remained for several days. The barracks were scattered over the countryside, each one under a tree, so they couldn't be seen from the air. Since we had nothing to do, we'd go out for a walk in the fields and chatted with the Irish farmers. According to them, the British were the real enemy, not the Germans. We, who didn't love the British all that much, didn't say anything. We'd buy bread, cheese, and wine from them and enjoy a pleasant outing.

We had been told that we would attend a school in England before we went into combat. We would study the latest maneuvers, strategies, and armaments of the Germans. It didn't turn out that way. We were arbitrarily informed that we had to report immediately to an air base where an aerial squadron had been destroyed by German planes.

We crossed Ireland and Scotland by train. Directly to Wellingborough. We arrived at night. Entered our barracks, occupied until two days before by young Americans who were now dead or prisoners of war. Their clothes were hanging there. Pictures of parents, families, wives, sweethearts. Everything was there; only they were not. It was our lot to gather their personal belongings and turn them in at the designated warehouse. I cannot now—perhaps I couldn't then—analyze the emotions that came over us. I only know that we were shaken to the very marrow of our bones. I don't think any of us could sleep that night in the same bed where a comrade who was no longer with us had slept.

When a new crew arrived, it was the custom to assign its members to experienced crews for their first flight. Five of my crew members were chosen to fly the following day. I

Era la costumbre cuando llegaba una nueva tripulación repartir a los miembros entre tripulaciones experimentadas para su primer vuelo. A cinco de mis compañeros les tocó volar el siguiente día. A mí no. A las dos de la mañana los despertaron y se los llevaron. Yo me quedé en la cama bien despierto.

A las seis oí el estruendo de los motores de los sesenta aviones de nuestro escuadrón. La vibración del sonido era tan fuerte que parecía hacer temblar la tierra. La ropa en las perchas se mecía como si soplara un fuerte viento por la barraca.

Los aviones despegaban a intervalos de treinta segundos. A las seis de la mañana, todavía oscuro, y en la niebla. No podían ver la pista de la torre de control. Se reventó una llanta de un avión y lo dejó atravesado en la pista. El que venía detrás se estrelló en él. El tercero también. La explosión debió oírse en el mismo Berlín. Hay que recordar que cada avión llevaba tres mil galones de gasolina y seis bombas de mil libras cada una. Recordar también que había diez hombres en cada avión.

La explosión sacudió la tierra. La barraca se estremeció como en un huracán. Una masa de metal entró en la barraca por un lado y salió por el otro dejando un agujero de dos metros. Humo negro y tufo ácido llenaron el aire. Yo sentado tieso en la cama, como una estatua, como un idiota. Creí que los alemanes nos estaban bombardeando.

Salimos todos a ver qué pasaba. La policía militar pronto cercó el sitio y no nos dejó acercarnos. No hacía falta. Desde lejos podíamos ver lo que había que ver y lo que no había. Había un hoyo veinte y cinco metros de ancho. No sé cuántos de profundidad. No había aviones. Sólo había pedazos, fragmentos, salpicados por mil metros en todas las direcciones. No había cuerpos vivos ni muertos. Yo vi un pie americano en un zapato americano. Lo que pasó por nuestra barraca fue uno de los motores. No quise ver más. Me retiré

wasn't. At two in the morning they woke them up and took them. I remained in bed, wide awake.

At six o'clock I heard the roar of the motors of the sixty planes that made up our squadron. The vibration of the sound was so strong that it seemed to make the earth shake. The clothes on the racks swayed as if a strong wind were blowing through the barracks.

The planes took off at thirty-second intervals. At six in the morning, still dark and in the fog, the runway couldn't be seen from the control tower. A tire on one of the planes blew up and left it stranded crosswise on the runway. The one behind it crashed into it. So did the third one. The explosion must have been heard as far away as Berlin. Remember that each plane carried three thousand gallons of gasoline and six one-thousand-pound bombs. Remember also that there were ten men in each plane.

The explosion shook the earth. The barracks shook as if in a hurricane. A mass of metal entered the barracks on one side and went out the other, leaving a hole two yards wide. Black smoke and an acrid stench filled the air. I was sitting stiffly on the bed, like a statue, like an idiot. I thought we were being bombed by the Germans.

We all went out to see what was going on. The military police promptly fenced off the area. They didn't let us come near. It didn't make any difference. From a distance we could see all there was to see and what there was not. There was a hole twenty-five yards wide. I don't know how deep. There were no planes. Only pieces, fragments, scattered over a thousand yards in every direction. There were no bodies, living or dead. I saw an American foot in an American shoe. I didn't want to see any more. I withdrew, severely wounded, sick to my soul and to my body. I cried long and slow, all alone and in silence.

The following morning, under the same conditions of fog and darkness, I went out on my first combat mission. It is

seriamente herido, enfermo de cuerpo y alma. Lloré largo y lento, solo y en silencio.

La mañana siguiente, en las mismas condiciones de niebla y negrura, salí yo en mi primer vuelo de combate. Me es imposible ahora, como lo fue entonces, clasificar y analizar la carga de emociones que llevaba dentro. Llevaba el cuerpo lleno de temores y furias, de dolores y dudas, de maldiciones y preguntas. Mis entrañas en brava llama, mis nervios, un hervidero.

impossible for me now, as it was then, to classify and analyze the many emotions I carried inside of me. My body was full of fears and furies, pain and doubt, curses and questions. My insides were on fire, my nerves seething.

Niggerborough

Niggerborough

Estábamos cuartelados en una base aérea en Wellingborough, unas dieciocho millas de Northampton. Algún tiempo antes de que yo llegara un destacamento de tropas afro-americanas habían estado estacionadas allí. Ya se habían ido.

Antes de entrar en el pueblo yo ya sabía que los soldados americanos llamaban al pueblo Niggerborough y que estaban boicoteando la ciudad. Que tomaban un autobús o iban en bicicleta a Northampton, a una distancia de dieciocho millas en vez de ir a una ciudad más cercana y más conveniente. Fue mi primer encuentro con el racismo colectivo y sistematizado. Yo ya conocía a fanáticos y racistas, pero eran individuos, no todo un pueblo.

Cuando primero fui a Wellingborough, no estaba preparado para ver lo que vi, y no estaba preparado para mis propias reacciones e impresiones.

Las inglesas tienen fama por su encantadora cutis. Tienen una tez color de nata, suave, con un dije de rosa. Será por la humedad en el aire, la constante protección del resplandor del sol y tal vez, algo en la dieta. El pelo rubio, tal vez algo afectado por las mismas influencias, los ojos azules y quizá las mismas calidades manifiestas en el sonido de su voz y la naturaleza de su lengua completan la imagen ideal. La mujer inglesa representa el apoteosis de la raza blanca en toda su gloria.

Los americanos decían que los negros sostenían que eran indios americanos. Yo no sé si esto es verdad. Pero, según ellos, esto hacía a los negros más exóticos y más americanos,

We were stationed at an air base in Wellingborough, some eighteen miles from Northampton. Sometime before I arrived there a detachment of black American troops had been quartered there. They had moved on.

Before I ever went into town I knew that the American soldiers called the place Niggerborough. I knew that the American airmen were boycotting the town. That they would take a bus or ride a bike to Northampton eighteen miles away rather than go into the town that was close at hand and more convenient. It was my first contact with collective and systematized racism. Coming from northern New Mexico I had run into bigots and racists, but they were individuals, not an entire people.

When I went into Wellingborough, I was not prepared to see what I saw, and I wasn't prepared for my own reactions and impressions.

English women are known for their lovely complexions. They have a creamy, soft skin with a tinge of pink. It must be the moisture in the air, the ever present protection from the glare of the sun, and, perhaps, something in their diet. The blond hair, conditioned by the same influences, the blue eyes, and maybe even the same qualities manifest in the sound of their voice and the nature of their language complete the ideal image. The English woman represents the apotheosis of the white race in all its glory.

The Americans said that the blacks claimed that they were American Indians. I don't know if this is true. But according to them, this made them appear more exotic and more Ameri-

y por consecuencia, más aceptables. El patriotismo en Inglaterra durante la guerra andaba loco y sin frenos, y América era la salvación de la tierra madre. Por lo tanto, todo lo que la mujer inglesa hiciera para contribuir al esfuerzo bélico era patriótico y noble.

Yo no fui a Northampton. Yo fui a Wellingborough. Vi a chicas inglesas en los parques y las calles con bebés negros en los brazos o empujando carretillas con nenes negros.

Yo no sabía que ver esto me iba a sacudir tanto. Tal vez si hubiera visto una mujer blanca y un hombre negro con un bebé, el triángulo, la fórmula habría aparecido completa y natural. Pero no había hombre negro. Sólo un niño negro.

Me pareció monstruoso, grotesco, aún obsceno. No era una mezcla de razas. Era una mezcla de especies. Algo como ver a una vaca amamantando a un venado, un oso con un nene mono, una gallina con una pollada de aguiluchos.

Volví a mi campamento sin saber cómo enfrentarme con mis emociones e impresiones. Toda mi vida me he jactado de no ser racista. Ahora me encontraba interrogando mis propios sentimientos, dudando. ¿Podría ser que yo llevaba un profundo racismo muy adentro? De seguro yo había visto la mezcla de razas—anglos e hispanos, anglos e indios, hispanos e indios—sin ninguna reacción negativa por parte mía. Me convencí que fue lo extraño y la violencia del contraste lo que me cogió de sorpresa.

Seguí yendo a Wellingborough en mis días de ocio. Pronto me acostumbré a la anomalía blanco-negro y dejó de molestarme. Qué satisfacción fue saber que no era racista.

La gente era cariñosa conmigo y con los pocos americanos que me acompañaban. Recuerdo a Wellingborough con mucho cariño.

can and therefore more acceptable. Patriotism in England during the war was wild and untrammeled, and America was the salvation of the motherland. Therefore, anything that English women could do to contribute to the war effort was patriotic and noble.

I didn't go to Northampton. I went to Wellingborough. I saw beautiful English girls in the parks and streets carrying black babies in their arms or pushing strollers with black babies.

I didn't know that seeing this was going to shock me the way it did. Perhaps if I had seen a white woman and a black man with a black baby, the triangle, the formula would have appeared complete and natural. But there was no black man. Just a black baby.

It seemed unnatural, grotesque, even obscene. It was not a mixing of races. It was a mixing of species. Something like seeing a cow nursing a deer, a bear with a monkey baby, a mother hen with a brood of eaglets.

I returned to my barracks to cope with my emotions and impressions. All my life I've taken great pride in not being a racist. Here I was questioning and doubting my own feelings. Could it be that there was a deep-seated streak of racism in me? Certainly I had seen the intermarriage of Anglos and Hispanos, Anglos and Indians, Hispanos and Indians and their half-breed children with no negative reaction on my part. I concluded that it was the strangeness and the violence of the contrast that took me by surprise.

I continued going into Wellingborough on my time off. I soon became familiar with and accustomed to the white-black anomaly, and it ceased to be a problem. It was a good feeling knowing I was not a racist.

The people were very friendly to me and the few Americans that joined me. The service was great. I look back on Wellingborough with deep affection.

Vuelo de combate

Combat Mission

Era tiempo de muerte. Era tiempo de tristeza y llanto. El ángel de la muerte volaba loco sobre la tierra, descendiendo al azar a besar la frente de un inocente y joven militar.

El río de cuerpos inundaba los cementerios y otros sepulcros incógnitos y los llenaba de sangre, huesos y carne. Ese ángel y ese río despedían un aroma que impregnaba el mundo entero e intoxicaba a las gentes con su esencia pungente y pudiente.

Casi no había madre que no tuviera un hijo ya muerto o peligrosamente pendiente de un hilo sobre el oscuro abismo del aniquilamiento en tierras lejanas y desconocidas. Una esposa, un marido. Una chica, un novio. Una mujer, un hombre.

Era tiempo de vida. Era tiempo de alegría y risa. Todo el mundo se divertía. La gente bailaba y cantaba como nunca antes al son y al compás de una orquesta celestial. La vida se hizo sueño, ilusión, fantasía. Se gozaba y se saboreaba cada momento que el destino nos daba por si acaso se agotaran, por si acaso despertáramos. Cuando se vive de emociones la vida se hace novela, drama, poema.

Era tiempo de guerra. El pueblo estaba en función de guerra. No había hombre, mujer o niño que no anduviera fulminado por los rayos, destellos y explosiones de bombas y artillerías en los campos, cielos y mares de batalla allá lejos. No había americano que no llevara en sus narices el hedor de la muerte. Y ese olor enciende el espíritu, enardece la sangre y aviva los sentidos. Nunca se vive tanto, nunca sube

I t was a time of dying. It was a time of sorrow and tears. The angel of death was flying insanely over the earth, coming down haphazardly to kiss the forehead of an innocent young man in uniform. A river of corpses flooded the cemeteries and other unknown graves and filled them with blood, bones, and flesh. That angel and that river gave off an aroma that pervaded the whole world and intoxicated the people with its pungent and powerful essence.

There was hardly a mother who didn't have a son already dead or hanging dangerously from a thread over the dark chasm of annihilation in some distant and unknown land. A wife, a husband. A girl, a sweetheart. A woman, a man.

It was a time of living. It was a time of joy and laughter. The people danced and sang as never before to the beat and sound of a celestial orchestra. Life became a dream, an illusion, a fantasy. We enjoyed and savored every moment that destiny gave us, just in case we woke up. When you live out of your emotions, life becomes a novel, a drama, a poem.

It was a time of war. The people were in a state of war. There wasn't a man, woman, or child who wasn't fired up by the rays, flashes, and explosions of bombs and guns in the battlefields, skies, and seas far away. There wasn't an American who didn't carry in his nostrils the stench of death. And that odor fires up the spirit, kindles the blood, and enlivens the senses. Never does one live as intensely. Never does feeling rise so high, never does sensation blossom as in time of war. Loving and dying. Every soldier, every sailor, every flyer became a poet. The love letters that were written.

el sentimiento tan alto, nunca florece la sensación como en tiempo de guerra. Amar y morir. Cada soldado, cada marinero, cada aviador, se hizo poeta. Las cartas de amor que se escribieron. Las cartas de amor que se recibieron. Las pasiones se hicieron palabra. El amor se hizo alma, se hizo poema.

Yo, que le tengo horror a la guerra, yo que odio y aborrezco la matanza de seres humanos, recuerdo con nostalgia y añoranza aquellos tiempos. Quisiera sentir con aquella intensidad el temblor de mi vida, el estremecimiento y el bullir de mi existencia como entonces. Quisiera ser otra vez lo que en aquellos días fui. Quizá el desastre, el naufragio humano, es necesario para que la vida alcance su máximo apogeo. Acaso, cuando la muerte está presente, la vida se levanta, se afianza, se afirma y grita.

Estaba muy oscuro. Eran las dos de la mañana. La niebla ocupaba cada hueco del mundo de Wellingborough en Inglaterra donde estaba nuestra base aérea. El frío y la humedad se filtraban por la ropa, por la carne, hasta el tuétano. Desfilábamos sin prisa y en silencio hacia la cafetería a tomar nuestro desayuno.

Después nos reunimos en un gran salón con un tremendo mapa de Europa en el frente. Le llamaban a esta sesión orientación. Un oficial con un apuntador nos indicó la trayectoria de nuestro vuelo, nos apuntó los sitios donde podríamos esperar contraataque y nuestro destino. Era Berlín. Cada avión llevaría seis bombas de mil libras cada una. Era el 20 de junio de 1944.

Pasamos a una bodega donde recogimos nuestro equipo de combate, luego al avión. Era necesario revisar todos los instrumentos, la operación de las ametralladoras, el funcionamiento de cada manivela. Todo tenía que estar en orden.

Luego, esperar. Despegaríamos a las seis. Todo onírico. Todo oscuro. El tremendo avión gris parecía grotesco y fantasmagórico. Nosotros, en nuestros abultados trajes de combate, parecíamos fantasmas. El mundo, envuelto en

The love letters that were received. Passions became words. Love became spirit, became a poem.

I who have a horror of war, I who abhor and hate the killing of human beings remember those days with nostalgia and longing. I would like to feel the intensity, the vibration of my life, the tremor and throbbing of my existence that I did then. I would like to be again what I was in those days. Maybe disaster and human shipwreck are necessary for life to reach its highest peak. Perhaps, when death is present, life rises, takes hold, asserts itself and shouts.

It was very dark. It was two o'clock in the morning. Fog filled every hollow of the world of Wellingborough in England, where our air base was located. The cold and the dampness went through your clothes, through your flesh, into the very marrow of your bones. We trudged, without haste and in silence, toward the mess hall to have breakfast.

We met later in a large hall with an immense map of Europe up front. This session was called orientation. An officer with a pointer indicated the trajectory of our flight. He pointed out the sites where we could expect counterattacks and our destination. It was Berlin. Each plane would carry six one-thousand-pound bombs. It was June 20, 1944.

We went on to a warehouse, where we checked out our combat equipment, and then to the plane. We had to check all the instruments, the operation of the machine guns, the working order of every switch. Everything had to be working.

Then we waited. We would take off at six. Everything dreamlike. Everything dark. The large, gray plane appeared grotesque and phantasmagoric. We, in our bulky combat suits, looked like phantoms. The world, wrapped in bursts and waves of fog and darkness, with lights that barely shone, looked like the landscape of a planet awaiting its genesis. Silence governed our activities, with each one of us submerged in his own thoughts, fears, and vulnerabilities. When

ráfagas y olas de niebla y negrura, con luces que casi no iluminaban, parecía un paisaje de un planeta esperando su génesis. El silencio gobernó nuestras actividades, cada quien sumergido en sus propios pensamientos, temores y vulnerabilidades. Una vez acabadas éstas, surgió la animada charla. Bromas, chistes, burlas, insultos. Hay que acudir al escándalo y a la extravagancia para ahuyentar la duda, el terror y el pensamiento.

El despegue estaba lleno de aprensión. Los aviones despegaban en la oscuridad a intervalos de treinta segundos. Si uno se averiara sería una matanza general. Nosotros acurrucados en el pequeño departamento del radio, cada uno acojinando con su cuerpo a otro compañero por si hubiera un choque. Silencio otra vez. Otra vez las cavilaciones. El frío que llevábamos dentro no tenía nada que ver con el frío externo.

Pronto tomamos altura. Cada quien tomó su posición en el avión. Yo bajé a mi globo girador de plástico transparente con sus dos ametralladoras, calibre .50. Enchufé mi traje de combate. Me puse mi máscara de oxígeno. Disparé unos tiros para ver si mis armas funcionaban; el intenso frío a 35,000 pies de altura puede congelar la grasa e inutilizar la pieza. Todos hicieron lo mismo. Después vino la comunicación. Cada miembro de la tripulación informó por el intercom que todo en su posición estaba en orden.

¡Qué soledad tan sola! Fuera del avión, fuera de la tierra, fuera del tiempo. Lanzado por el espacio como cometa errante por fuerzas fuera de mi control. Arriba, sobre las nubes, el mundo está iluminado, aunque no haya salido el sol. Por encima un cielo infinito más azul que el azul. Por debajo una geografía desconocida y movediza, hecha de nubes, blancas, negras y grises, con sus montañas, sus valles, sus riscos y cañones. A lo lejos, extraños y cambiantes horizontes.

our tasks were done, a lively chatter began. Pranks, jokes, ribbing, insults. One has to resort to scandal and extravagance to ward off doubt, terror, and thought.

The take-off was full of apprehension. The planes would take off in the dark at thirty-second intervals. If one of them should flounder, there would be a general massacre. We were all huddled up in the small radio compartment, each one cushioning with his body one of his companions in the event of a crash. Silence again. Once again the thinking. The cold we carried inside had nothing to do with the cold outside.

We soon reached high altitude. Each one took his position in the plane. I went down into my ball turret made of transparent plexiglass with its two .50-caliber machine guns. I plugged in my heated suit. Put on my oxygen mask. I fired a few bursts of ammunition to see if my guns were working. The intense cold at thirty-five thousand feet could freeze the grease and render the weapon useless. Everyone did the same. Then came the report: Every member of the crew reported over the intercom that everything in his position was in order.

What a lonely loneliness! Outside the plane, out of the earth, outside of time. Shot through space like an errant comet by forces beyond my control. Up above, over the clouds, the world is illuminated even though the sun has not risen. Above us, a sky that is infinitely bluer than blue. Below us, an unknown and shifting geography, made up of white, black, and gray clouds, with its mountains, valleys, cliffs, and canyons. In the distance, strange and changing horizons.

Our squadron formed an arrowhead and flew to a rendezvous, an exact point on the map of the sky. The squadrons from different air bases would gather there, each identified by a large block letter on its tail. The fighter planes that would accompany us for one-third of the flight would show up there too. One by one the arrowheads began arriving and began forming an immense arrowhead, threatening

Nuestro escuadrón formó una punta de flecha y se dirigió al rendezvous, un punto exacto en el mapa del aire. Allí acudirían los otros escuadrones de diferentes bases aéreas, identificados por una letra de molde en la cola. Acudirían también los aviones de caza que nos acompañarían por una tercera parte del vuelo. Fueron llegando, una a una, las puntas de flecha y fueron formando una inmensa punta de flecha, amenazadora y mortífera, las pequeñas flechas escalonadas, a diferente nivel, para evitar así el fuego cruzado.

Cruzamos el canal de la Mancha y entramos en terreno enemigo. Nuestros aviones de caza se encargaban de los ataques de aviones enemigos. Nosotros a salvo. Contemplábamos sus escaramuzas como un espectáculo deportivo. Veíamos cómo a veces explotaba un avión en el aire, cómo otro descendía a una velocidad espantosa, dejando una estela de humo negro, camino a estrellarse. Algunas veces veíamos un paracaídas solitario flotando lentamente hacia el suelo. Celebrábamos cuando la víctima era un enemigo. Llorábamos cuando la víctima era uno de los nuestros. No creo que consideráramos al enemigo como ser humano.

Demasiado pronto los aviones de caza se volvían por falta de gasolina, y nos quedábamos solos. Nuestra salvación estaba en nuestras propias manos. Los ojos abiertos y alertas barrían los cielos infinitos en busca de un punto en la distancia que pudiera convertirse en una amenaza y un peligro. Los alemanes se agazapaban detrás de un banco de nubes y se nos echaban encima cuando menos los esperábamos. Nos atacaban de la dirección del sol para que nos deslumbrara. De pronto oíamos por el intercom, "¡Bandidos a las seis arriba (o abajo)!" Las direcciones estaban marcadas por el reloj. La nariz del avión era las doce; la cola era las seis.

Es muy difícil ser valiente en sangre fría. No verle los ojos al enemigo, no ver su furia y odio, no ver ni oler la sangre de sus heridas o de las tuyas, te impide desatar los jugos y las

and fatal, the small arrowheads staggered at different levels in order to avoid cross-fire.

We crossed the English Channel and entered enemy territory. Our fighter planes took charge of the attacks of the enemy fighters. We were safe. We watched their skirmishes like a sporting event. We saw how sometimes a plane exploded in the air, how another went down at a frightening speed, leaving a wake of black smoke, on its way to a crash. Sometimes we saw a solitary parachute floating slowly toward the ground. We cheered when the victim was an enemy. We cried when the victim was one of our own. I don't think we ever considered the enemy a human being.

Much too soon the fighter planes turned back because of lack of gasoline, and we were left alone. Our salvation was now in our own hands. Our eyes, wide open and alert, scanned the endless skies in search of a spot in the distance that could become a threat and a danger. The Germans lay waiting behind a bank of clouds and jumped on us when we least expected them. They hit us from the direction of the sun so that it would blind us. Suddenly we would hear over the intercom: "Bandits at six o'clock high (or low)!" The directions were decided by the clock. The nose of the plane was twelve o'clock; the tail was six o'clock.

It was very difficult to be brave in cold blood. Not seeing the face of the enemy, not seeing his rage and his hatred, not seeing or smelling the blood of his wounds or your own keeps you from releasing the juices and currents of your vengeance, of your killer instinct. No one rages against a machine, no one hates it; you don't feel the obsession of killing it. Our enemies were mechanical contraptions. Fury and hatred are inducements and encouragements that lead to heroism, indispensable for survival in time of war or at any other time. We were forced to find courage who knows where to confront a lethal abstraction.

corrientes de tu venganza, de tu instinto de matar. Nadie se enfurece con una máquina, nadie la odia, no sientes la obsesión de matarla. Nuestros enemigos eran aparatos mecánicos. La rabia y el odio son alicientes y acicates al heroísmo, indispensables para la supervivencia en tiempo de guerra o en tiempo cualquiera. Nosotros estábamos obligados a sacar el coraje de quién sabe dónde para confrontar una abstracción mortífera.

Cayeron muchos aviones, muchos nuestros, muchos de ellos. Cuando caía uno de los nuestros, el que le seguía entraba y llenaba el hueco que dejaba. La formación, inmensa punta de flecha, seguía intacta, implacable, inexorablemente hacia su destino.

El B-17, nuestro bombardero, era grande y gris. Se movía por el aire lento, digno y bello. Sus líneas y contornos eran toda una sinfonía, una armonía, una majestuosa amenaza. Parecía estar fijo en el espacio, mas dejaba detrás cuatro largas y blancas estelas de vapor movedizo. Mil aviones dejaban cuatro mil estelas, un cielo azul a rayas blancas.

Cuando el ataque de los aviones enemigos terminaba (por falta de gasolina), empezaba el tiroteo de la tierra. Nos disparaban cañonazos que lanzaban proyectiles de metal que explotaban en el aire a la altura determinada por ellos, llenando el cielo con miles de pedacitos de metal asesino. Nosotros podíamos ver las bocanadas de humo negro, pero no podíamos oír la explosión ni oler el humo. Lo que sí podíamos oír era la metralla pegándole al avión y perforándolo. Sonaba como granizo en un tejado de metal. Al pasar por esto un trozo de metal perforó el suelo del avión, buscó la zona vulnerable entre la barba y la garganta de un joven ametrallador y, evadiendo el delantal de hierro, el casco de hierro, penetró y lo mató.

Sentí el batacazo en el lado. Una metralla, tamaño de mi puño, le dio a mi paracaídas que llevaba a mi lado con tanta fuerza que me desmayó. Yo creí que me había muerto en esa

Many planes went down. Many of our own, many of theirs. When one of ours went down, the one that followed it took its place and filled the vacancy. The formation, the gigantic arrowhead, continued intact, implacable and relentless, toward its destination.

The B-17, our bomber, was large and gray. It moved through the air with dignity and beauty. Its lines and contours were a symphony, a harmony, a majestic menace. It seemed to be fixed in space, but it left behind four long, white trails of vapor. A thousand planes left four thousand trails, a blue sky with white stripes.

When the attack of the enemy fighter planes ended (for lack of gasoline), the bombardment from the ground began. They shot cannons at us that fired metal projectiles that exploded in the air at the altitude determined by them and filled the sky with thousands of pieces of murderous metal. We could see the explosions of black smoke, but we couldn't hear them or smell the smoke. What we could hear was the shrapnel hitting and perforating the plane. It sounded like hailstones on a tin roof. As we went through this, a chunk of metal came in through the floor of the plane, looked for the vulnerable zone between the chin and the throat of a young gunner, and, avoiding the steel apron and the steel helmet, entered and killed him.

I felt the blow on my side. A piece of shrapnel, the size of my fist, hit the parachute I carried on my left side with such force that it knocked me out. I thought I had been killed in that swift clairvoyance that comes at the moment of death. When I didn't answer the intercom, my companions came down and pulled me out. I woke up inside the plane. Bewildered. Confused. I felt my entire body, expecting to be mortally wounded. Nothing. Nothing was wrong with me. The powerful blow had knocked the wind out of me and deprived me of my senses. I went back to my position.

rápida clarividencia que viene al instante de morir. Cuando no contesté al llamado del intercom mis compañeros bajaron y me sacaron. Desperté dentro del avión. Incrédulo. Confundido. Me palpé todo el cuerpo esperando estar gravemente herido. Nada. No tenía nada. El feroz golpe me desinfló los pulmones y me quitó los sentidos. Volví a mi sitio.

A las entradas de Berlín volvieron los bandidos. Una bala de 20 milímetros penetró el casco de hierro del piloto por el lado izquierdo, le batió los sesos y salió por el lado derecho. El motor número tres recibió un cañonazo y se encendió. Las llamas llegaban hasta mi globo de plástico transparente. ¡Y aún no entrábamos en la pista del blanco, aún llevábamos seis bombas de mil libras cada una!

Por el intercom el copiloto nos presentó las dos alternativas que teníamos: abandonar el avión en paracaídas o poner el avión en picada para ver si la velocidad de viento apagaba el fuego. A todos nos habían dicho, y lo teníamos muy presente, que lo más terrible para un aviador americano que aterrizaba en Festung Europa eran las mujeres, ancianos y niños. Por ese motivo cada uno de nosotros llevaba una .45 automática. Yo llevaba una daga fajada en la pierna entre la rodilla y el tobillo. Caer en las manos de esas feroces fieras era mucho más espeluznante que una muerte instantánea, limpia y digna. Si cayéramos en manos de los militares estaríamos a salvo. Había convenios internacionales que nos protegían. Cada uno, uno por uno, votó: "Ponerlo en picada". La suerte estaba jugada. No importaba que aviones de esa camada no se ponen en picada.

Luego había que decidir qué hacer con las bombas. Alguien dijo, "Vamos a dejarles un recuerdo que no olviden nunca". Otro dijo, "Vamos a buscar el vecindario más elegante". Nadie se opuso. Todos de acuerdo. Así lo hicimos. Ningún remordimiento. Ahora me pregunto, ¿Qué les pasa

Over the suburbs of Berlin the bandits struck again. A 20-millimeter bullet pierced the steel helmet of the pilot on his left side, scrambled his brains, and came out on the right side. Motor number three received a direct hit and caught fire. The flames reached as far back as my ball turret. Motor number four was also damaged. And we hadn't even entered the bomb run! We were still carrying six one-thousand-pound bombs!

The copilot presented us with two alternatives over the intercom: We could abandon ship with our parachutes or put the plane into a dive to see if the velocity of the wind would blow out the fire. People had told us—and we were very conscious of it—that the most terrible thing that could happen to an American airman who landed in Festung Europa was the women, the aged, and the children. For that reason every one of us carried a .45 automatic. I had a dagger strapped to my leg between the knee and the ankle. To fall into the hands of those fierce antagonists was far more frightening than an instantaneous, clean, and noble death. If we should fall into the hands of the military, we would be safe. There were international agreements that protected us. We voted. Each one of us voted, one by one: "Put it into a dive." The lot was cast. It didn't matter that planes the size of ours were not put into a dive.

Then we had to decide what to do with the bombs. Someone said: "Let's give them something to remember us by." Someone else said: "Let's find the most elegant neighborhood." No one objected. That is exactly what we did. No remorse. Now I ask myself, "What happens to the thoughts and feelings of human beings when they are situated on the very threshold of death?"

The plane came down with frightening speed. The machine shook and shuddered with such a noise that it seemed to be falling apart. We remained silent, without breathing, even without thoughts. When the copilot pulled the plane

a los pensamientos y sentimientos de los hombres cuando están en el mismo umbral de la muerte?

El avión descendió con una velocidad espantosa. El aparato temblaba y se sacudía con un estruendo que parecía que se iba a despedazar. Nosotros en silencio, sin palabras, sin respiración, sin pensamientos siquiera. Cuando el copiloto lo sacó de la picada fue como una explosión. Parecía que por un instante quedamos suspendidos en el aire. Luego, vacilando, se enderezó. El fuego se apagó.

Nuestras penas no habían terminado. En el descenso le pegaron al motor número cuatro del mismo lado. Funcionaba pero se calentaba y era necesario apagarlo hasta que se enfriara. En estas condiciones no pudimos conseguir altura y nos quedamos a un nivel apenas sobre los árboles.

Todavía en Berlín recibimos un cañonazo directo del temido 88 de los alemanes en el ala del lado derecho. Rompió la arboladura principal del ala. Lo único que la sostenía era la piel de aluminio. Cortó cables también. De modo que muchos elementos e instrumentos dejaron de funcionar. El agujero tenía un metro de diámetro. Éramos un elefante mortalmente herido. Botamos por la ventana todo lo que había suelto, todo lo que se podía arrancar, para aligerar el peso.

Allí estábamos casi incapacitados en tierra enemiga a unas novecientas millas de la Mancha Inglesa y de los White Cliffs of Dover. Estábamos todos convencidos que de ninguna manera podríamos llegar a esa tierra de promisión. ¿Qué hacer? Lo discutimos y decidimos renguear hasta donde pudiéramos y hacer el mayor daño posible.

No es posible describir el miedo al que no lo ha sentido. Acaso es algo muy individual y personal. Para mí fue como una especie de fiebre que me consumía y me agotaba, que me roía y me carcomía por dentro como una enfermedad rabiosa. Ya pasado, me dejaba suelto, vacío y débil. Creo que es más pensamiento que sentimiento. En momentos de

out of the dive, it was like an explosion. It seemed that, for an instant, we were suspended in the air. Then, little by little, the plane leveled out. The fire was blown out.

Our problems weren't over. During the descent engine number four was hit, on the same side. It was still working, but it would heat up, and it was necessary to turn it off until it cooled down. Under these circumstances we could not achieve altitude, so we remained at treetop level.

Before we left Berlin, we received a direct hit in the left wing from the feared 88 of the Germans. It shattered the main spar of the wing. The only thing that held it together was its aluminum skin. It cut cables as well so that many instruments and other elements of the plane ceased to work. The hole was a yard wide. We were a mortally wounded elephant. We threw everything that was loose, everything that we could rip off, out of the window to lighten the load.

There we were, almost entirely incapacitated, in enemy territory at some nine hundred miles from the English Channel and the White Cliffs of Dover. We were all convinced that there was no way that we could return to the Promised Land. What to do? We discussed it and decided to limp our way back as far as we could go and do the greatest damage possible.

It isn't possible to describe fear to anyone who hasn't felt it. Perhaps it is something very individual and personal. For me it was a sort of a fever that burned me up and wore me out, that gnawed at me and consumed me. When it was over, it left me limp, empty, and weak. I think that it has to do more with thinking than feeling. At the time of combat it disappears completely. Then feeling takes over. Thinking makes cowards. Feeling makes heroes.

When a plane is high in the sky it can be seen from a distance. When it is flying at treetop level, it can't be seen until it's on top of you. Ours was flying almost sideways. We were flying so low that we were invisible. Radar couldn't find us.

combate desaparece el miedo por completo. Entonces el sentimiento se encarga de la situación. El pensamiento hace cobardes. La emoción hace héroes.

Cuando un avión está alto en el cielo se puede ver desde lejos. Cuando vuela sobre los árboles no se ve hasta que está encima. El nuestro volaba casi de lado. Volábamos tan bajo que éramos invisibles. El radar no nos podía localizar.

Al volar sobre un pueblo o una ciudad barríamos los tejados con nuestros ametralladoras, nueve instrumentos de muerte de calibre .50. Así mismo con los barcos residenciales del Rin. Llegamos a una avenida bordeada de hileras de árboles. Iba marchando un escuadrón de soldados. No nos vieron hasta que estábamos sobre ellos. Las ametralladoras entraron en acción. Yo me reía como un loco. Tenía la absurda impresión que eran títeres y que se doblaban cuando alguien les cortaba la cuerda. No puedo ahora justificar o explicar la irracionalidad y la locura que se apoderó de mí y de mis compañeros. ¿Es que la vida estaba ya vendida y que ahora tocaba cobrar? No sé.

Entre tanto seguíamos adelante, el avión no podía más. En silencio. No había qué decir, o no hallábamos cómo decirlo. Por el radio oíamos a los alemanes, histéricos, discutiéndonos. Nos habían calificado como un elefante enloquecido que iba sembrando muerte y destrucción por el continente.

Llegó el momento en que se nos acabó la munición. La habíamos malgastado creyendo que no llegaríamos hasta aquí. De pronto oímos por el intercom: "¡Nueve bandidos a las seis!" No teníamos con qué defendernos. Había llegado el fin.

Yo creía que en el momento de la muerte le llega a uno una clarividencia, una lucidez mental, que le permitiría, al fin, alcanzar un conocimiento del misterio de la vida. Creía que entonces me vendrían pensamientos profundos y nobles. Nada de eso ocurrió. Lo que pasaba por mis mientes era una

When we flew over a town or a city, our machine guns raked the roof tops: nine instruments of death, .50-caliber. We did the same thing with the houseboats on the Rhine. We came to an avenue bordered by trees. A squadron of soldiers was marching. They didn't see us until we were on top of them. The machine guns went into action. I was laughing like a madman. I had the absurd impression that they were puppets and collapsed when someone cut their strings. I cannot now justify or explain the irrationality and insanity that took possession of me and my companions. Was it that life had already been sold, and now it was a case of collecting?

Meanwhile we kept on going west toward far-off England. Very slowly; the plane could do no more. In silence. There was nothing to say, or we didn't know how to say it. Over the radio we heard hysterical Germans talking about us. They called us a wild elephant spreading death and destruction across the continent.

The time came when we ran out of ammunition. We had squandered it, not thinking we'd get this far. Suddenly we heard over the intercom, "Nine bandits at six o'clock!" We had nothing to defend ourselves with. The end had come.

I thought that at the moment of death a clearsightedness, a mental lucidity, would descend upon me that would permit me, at last, to reach an understanding of the mystery of life. I thought that at that time deep and noble thoughts would come to me. Nothing of the sort happened. What was going through my mind was a sentimental tune, an innocuous conversation, a milkshake, a hamburger. Everything trivial and frivolous. What a big disappointment.

Unexpectedly we heard over the radio in an indisputably American accent: "Little friend to big friend, don't worry; we'll take you home." Those words have to be the sweetest words I ever heard. Through the window we saw six P-47 fighter planes. One situated itself at each wing tip, one in

tonada sentimental, una conversación innocua, un día de campo, un batido de leche, una hamburguesa. Todo frívolo y trivial. ¡Qué tremenda decepción!

Inesperadamente oímos por el radio en acento indiscutiblemente americano: "Amiguito a amigote, pierdan cuidado. Nosotros los llevaremos a casa". Tienen que ser las palabras más dulces que yo he oído en mi vida. Por la ventana vimos a seis aviones P-47. Uno se puso en la punta de cada ala y el tercero adelante. Los otros tres pasaron a trabarse con los nueve bandidos.

Cruzamos la Mancha apenas a flor del agua. Los barcos de los Franceses Libres, avisados de nuestro problema, estaban listos para recogernos si cayéramos. Nosotros otra vez apelotonados en el compartimiento del radio. Gimiendo, quejándose, como llorando, como alma agonizante, nuestro querido y herido avión subió sobre los riscos de Dover como a gatas. Aterrizó de panza porque el tren de aterrizaje estaba averiado. Aunque no lo vimos, a medida que el avión iba resbalando y arrancándose la piel en el pavimento de la pista de emergencia, una camioneta inglesa iba a toda velocidad a nuestro lado.

No recuerdo qué hicieron los demás. Yo me bajé y besé el suelo. Luego me apoyé en el avión, ahora tranquilo, porque me sentía mareado y débil. Durante todo el trance del combate fui dueño de mí mismo. Ahora sentía que mis facultades y capacidades se me iban. Me fueron cogiendo temblores que me sacudían todo el cuerpo. Sentí nacer dentro de mí una inquietud, una histeria, que amenazaba estallar en llanto o alarido. Lo que más me agobiaba era el terror de hacer el ridículo. Para usar una frase vulgar de esos días, "No sabía si cagar o hacerme ciego".

En estas angustiosas circunstancias se personó un inglés con un vaso grande lleno de whiskey y me dijo, "Bébetelo todo". Ese inglés, si no me salvó la vida, me salvó la sanidad y mi amor propio.

front. The other three went on to engage the nine enemy planes.

We crossed the English Channel barely above the surface of the water. The boats of the Free French, who had been informed of our plight, waited below to pick us up if we went down. We were all huddled in the radio room once more. Whining, moaning, as if crying, like a soul in pain, our dear and wounded plane crawled over the Cliffs of Dover on all fours. It landed on its belly because the landing gear was damaged. Although we didn't see it, an English station wagon was racing alongside as our plane was sliding and ripping off its skin on the pavement of the emergency landing field.

I don't remember what the others did. I knelt down and kissed the ground. Then I stood up and leaned on the plane, now motionless, because I felt dizzy and weak. During the peril of the battle I was master of myself. Now I felt that my faculties and capabilities were leaving me. Tremors began to grip me and shake my entire body. I felt an uneasiness, a hysteria that threatened to explode in tears or screams growing inside of me. What perturbed me the most was the terror of playing the fool. To use a vulgar expression of those days, "I didn't know whether to shit or go blind."

In these anguished circumstances an Englishman appeared before me with a tall glass full of whiskey and said to me, "Drink it. All of it." That Englishman, if he didn't save my life, did save my sanity and my self-respect.

They took us to our base. There on the bulletin board was the list of the day's casualties. There were our names. Our plane had been seen going down in flames, no parachutes were seen, and so it was reported. They had given us up for lost. How strange it is to see your name on the list of the dead! Indeed, it seemed I was contemplating the list from another world.

Nos llevaron a nuestro cuartel. Allí en el tablero estaba la lista de las bajas del día. Allí aparecían nuestros nombres. Habían visto a nuestro avión descender encendido y no vieron paracaídas, y así informaron. Ya nos habían dado por perdidos. ¡Qué raro es ver tu nombre en la lista de muertos! En realidad, parecía que yo contemplaba la lista desde el otro mundo.

Me tumbé en mi catre boca arriba. No sentía ni frío ni calor. No tenía hambre ni sed, ni sueño. No oía nada. No veía nada. No me dolía nada. Cuando el espanto, el susto y el terror es tanto que ya el cuerpo y el intelecto no pueden más, viene, gracias a Dios, la inconsciencia. Me veo en la lejanía del recuerdo como si yo fuera otro, como si fuera desde otro mundo.

Era tiempo de vida y muerte. Tiempo de llanto y canto. Era tiempo de guerra. Fue un pedazo de la historia, ya en órbita en el espacio de la memoria. Sólo existe en el recuerdo y en la palabra escrita.

I fell on my bed face up. I didn't feel cold or heat. I wasn't hungry, or thirsty, or sleepy. I didn't hear or see anything. I felt no pain. When horror, fright, and terror reach a point when the body and the mind can no longer handle them, unconsciousness sets in. I see myself in the distance of memory as if I were someone else, as if I were watching from another world.

It was a time of living and dying. A time of song and tears. It was a time of war. It was a piece of history, already in orbit in the space of memory. It only exists in remembrance and in the written word.

Una
mujer inglesa

An
Englishwoman

N osotros, los aviadores combatientes, éramos los niños mimados de las fuerzas armadas en Inglaterra. Cuando no estábamos en el aire no teníamos tareas ni obligaciones ningunas. No teníamos que marchar ni hacer desfiles. No teníamos que llevar el uniforme mandatario. No había horario. Nuestro tiempo era nuestro. Todo ese servicio ocioso es lo que hace la vida inaguantable. La chaqueta de cuero, expedida sólo a nosotros, era nuestro blasón de honor. Mostraba al mundo entero que nosotros teníamos privilegios especiales y que no estábamos sujetos a la disciplina militar.

Entre vuelos cada quien se entretenía y divertía a su manera. Algunos se iban en bicicleta a Wellingborough, que estaba cerca, o hasta Northampton, que estaba a dieciocho millas. Otros se iban a la NAFI (club correspondiente al USO americano) a tomar cerveza, a jugar a las cartas o a dardos, a cantar canciones sentimentales alrededor del piano. Otros a leer. Otros a jugar al béisbol. O simplemente a pasear por el campo. Y por supuesto a escribir cartas, a fantasear y entregarse al ensueño o a la nostalgia.

La chaqueta de cuero era el pasaporte a nuestra cafetería. Allí había de todo. Allí no había carestía. Carnes frescas de todo tipo, frutas frescas y enlatadas, jugos de fruta, postres de lujo. Podíamos pedir a los cocineros, como en un restaurante, que nos prepararan a nuestro gusto nuestros platos predilectos. Había algunos que comían bistec tres veces al día. Con frecuencia les prestábamos nuestras chaquetas a

W e, the combat flyers, were the spoiled brats of the armed forces in England. When we were not in the air, we had no duties or obligations of any kind. We didn't have to do any marching or be in parades. We didn't have to wear the required uniform. There was no schedule. Our time was our own. It is that pointless service that makes military life unbearable. Our leather jacket, issued only to us, was our badge of honor. It showed everybody that we had special privileges, that we were not subject to military discipline.

Between flights everyone entertained and amused himself in his own way. Some would bicycle to Wellingborough, close by, or to Northampton, eighteen miles away. Others went to the NAFI (a club like the American USO) to drink beer, play cards, shoot darts, or sing sentimental songs around the piano. Some read. Others played baseball. Or simply walked through the fields. And, of course, wrote letters, fantasized, and surrendered to daydreaming and nostalgia.

Our leather jacket was the passport to our special mess hall. There were no shortages. Everything was available to us. All kinds of fresh meat, fresh and canned fruit, fruit juices, fancy desserts. We could ask the cooks, as in a restaurant, to fix our favorite dishes the way we liked them. There were some who ate steak three times a day. Frequently we would lend our jackets to our ground crew so that they could enjoy this cornucopia.

los miembros de nuestra tripulación de mecánicos para que disfrutaran esta cornucopia.

¿Por qué tanta generosidad en el servicio militar? No sé a ciencia cierta pero me supongo que los médicos habían decidido que una dieta balanceada era indispensable para la óptima salud de un aviador. Además, éramos relativamente pocos, prescindibles pero difíciles de reemplazar.

Después de cada diez vuelos nos daban a la tripulación licencia de tres días. Este era el privilegio más apreciado. Los buenos idiotas nos íbamos a Londres. Digo idiotas porque las bombas voladoras alemanas estaban cayendo sobre Londres como hojas de los árboles en el otoño. Podríamos habernos ido a otra ciudad cualquiera donde los cielos no eran mortíferos. Pero la acción y la atracción estaban en Londres, la ciudad antigua y legendaria.

Nos quedábamos en el Strand Palace Hotel, situado en la Avenida Strand, en el mismo centro de la ciudad. De día visitábamos los famosos pubs, los cafés, los almacenes, museos, palacios, iglesias y bibliotecas. Era de rigor ver el cambio de la guarda en Buckingham Palace, el Museo de Cera de Madame Tussaud, la Torre de Londres y la Catedral de San Pablo. Mientras tanto las bombas estaban cayendo alrededor de nosotros. Cuando había un refugio aéreo cerca la gente corría al oír la alarma y se resguardaba allí hasta que sonaba el "todo claro". Cuando no había refugio aéreo cerca la gente seguía como si nada. Era inútil correr, porque como no sabías dónde iba a estallar la bomba, podías correr en la dirección del desastre en vez de lo contrario.

Antes de ir la primera vez ya sabíamos que si íbamos a comer en Londres tendríamos que llevar nuestra propia comida. De modo que íbamos a la cocina y el cocinero nos daba nuestro trozo de carne, huevos, tocino, verduras y frutas, lo que pedíamos. Cuando nos inscribíamos en el hotel le entregábamos al dependiente nuestro paquete de

Why so much generosity in the military service? I don't know for sure, but I suppose the medics decided that a balanced diet was indispensable for the health of a flyer. Furthermore, we were relatively few, expendable, but hard to replace.

After every ten missions combat crews got a three-day pass. This was the best privilege of all. Idiots that we were, we all went to London. I say idiots because German buzz bombs were dropping on London like the leaves of the trees in autumn. We could have gone to any other city where the skies did not deliver death. But the action and the attractions were in London, the ancient and legendary city.

We stayed at the Strand Palace Hotel, located on the Strand in the very center of the city. During the day we visited the famous pubs, cafes, shops, museums, palaces, churches, and libraries. It was a must to see the changing of the guard at Buckingham Palace, Madam Tussaud's Wax Museum, the Tower of London, and St. Paul's Cathedral. Meanwhile the bombs kept falling all around us. When there was an air raid shelter nearby and people heard the alarm, they ran to it and remained there until the all-clear sounded. When there was no shelter, the people carried on as if nothing were going on. It was useless to run. Since you didn't know where the bomb was going to hit, you might be running in the direction of the disaster instead of away from it.

Before we went to London, we knew that if we were to eat we would have to bring our own food. So we went to the kitchen, and the cook would give us a chunk of meat, eggs, bacon, fruits, and vegetables, whatever we wanted. When we registered at the hotel, we turned over our packet of food to the attendant. He put our name on it. Later they prepared that food and served it to us in the dining room. If anything was left over after our visit, we gave it to the waiter or the cook. If anyone forgot to bring food, he lived to regret it.

comestibles. Él le ponía nuestro nombre. Más tarde nos preparaban y nos servían esa comida en el comedor. Si sobraba algo al final de nuestra visita se lo regalábamos al camarero o al cocinero. Si alguien se descuidaba, le pesaba. Le daban café hecho de alverjas tostadas, salchichas que sabían a aserrín o cabestro, jamón o rosbif rebanado tan fino que era transparente. La escasez de víveres en Inglaterra era espantosa. La guerra es infierno no sólo en el campo de batalla.

Mis compañeros llevaban otra bolsa con distintas intenciones. Café, mantequilla, chocolates, pasta dentífrica, perfume, medias de nilón. Cebo para las chicas. También llevaban piezas de la rica tela, gruesa y blanca, de nilón de paracaídas rotas. Las inglesas se hacían blusas y ropa interior. Los que sabían de esas cosas, o fingían saberlo, decían que los calzones de esa tela resultaban tremendamente calientes y les decían a las dueñas de esas prendas, Hot Pants, Hot Ladies y Hot Mamas. Yo, claro, no puedo verificar nada de esto.

Nos esparcíamos por la ciudad. Algunos de nosotros a visitar puntos de interés o de compras, otros a buscar chicas, a "chiquear", como decían. Volvíamos todos al hotel por la tarde a comer. Algunos de los compañeros volvían bien acompañados. Después de la comida todos se iban a los clubes o a los salones de baile. En Covent Garden había inglesas para todos los que no habían hallado una durante el día.

Yo me quedaba solo en el hotel. Bajaba al bar en el sótano. Se entraba por una puerta giradora de cristal. Detrás del bar había grandes espejos con anaqueles de vidrio con elegante cristalería. Una pequeña orquesta tocaba música de salón, sensual y sentimental.

Recién casado, romántico y muy enamorado, yo no tenía ningún interés en salir de caza, de "chiquear". Me entregaba

They gave him coffee made with roasted peas, sausages that tasted like sawdust or rope, ham or roast beef sliced so thin it was transparent. The shortage of food in England was frightening. War is hell, not only on the field of battle.

My friends carried another package, with different intentions. Coffee, butter, chocolates, toothpaste, perfume, and nylon stockings. Girl bait. They also took pieces of the rich and thick nylon cloth of torn parachutes. The English girls made blouses and undergarments with it. Those who knew all about those things, or pretended they did, said that the panties made with that cloth were extremely hot and called the wearers of that garment Hot Pants, Hot Ladies, and Hot Mamas. Naturally, I cannot verify any of this.

We scattered throughout the city. Some of us to visit points of interest or to go shopping. Others to look for girls. "Wenching," as they called it. We all returned to the hotel in the evening to eat. Some of my friends returned with a lovely guest. After dinner they all went to the nightclubs or the dance halls. There were girls for any of the boys who hadn't found one during the day at Covent Garden.

I remained alone in the hotel. I would go down to the bar in the basement. It had a glass revolving door. Behind the bar were large mirrors with glass shelves holding lovely crystalware. A small orchestra played chamber music, sensual and sentimental.

Newly married, romantic, and very much in love, I had no interest in going out hunting, wenching. I would surrender to the enchantment of memory, to the murmur of yearning. Good whiskey, good music, an elegant and serene place are conducive to illusion and fantasy. After long and liberal drinks, tired and sleepy, I would go up to my room around midnight to fall into my bed and sleep like an angel. Meanwhile the bombs were exploding all around. There is nothing like alcohol for good sleeping.

al embrujo del recuerdo y al murmullo de la añoranza. El buen whiskey y buena música en sitio sereno y elegante te llevan a la ilusión y al ensueño. Después de largas y liberales copas, agotado y soñoliento, subía a mi habitación a eso de medianoche, a tumbarme en la cama a dormir como un angelito. Entretanto las bombas estaban estallando a mi rededor. Nada como el alcohol para el buen dormir.

Una noche estaba yo en el bar solo como de costumbre. Melancólico, ensimismado. Estaba componiendo unos versos de amor. De pronto estalló una bomba al otro lado de la calle. Se apagaron las luces. Los espejos, la cristalería y las botellas se hicieron pedazos. La puerta de vidrio se hizo añicos. Yo resulté debajo de una mesa.

Cuando se encendieron las luces descubrí que no estaba solo. A mi lado, y prendida a mí, estaba una inglesa. Tenía el traje de noche envuelto alrededor del cuello y la cabeza. El cuerpo lo tenía descubierto. Lo vi todo, y no vi nada. Es que llevaba unos calzones largos que escondían todo, modesta y decorosamente, hasta las rodillas. Sus calzones no eran de nilón de paracaídas.

Recordé, absurdamente, una escena de la película *A Farewell to Arms*. Gary Cooper se encuentra debajo de una mesa con una bella dama en un bombardeo. Tiene una botella de champaña, le quita a la dama el zapato y le sirve. Se brindan con los zapatos llenos. Bien romántico eso. Yo, desgraciadamente, no tenía botella de champaña.

Mi bella dama cayó en sí primero que yo. Se puso de pie tranquilamente, se alñó la falda, y me contempló allí tumbado en el suelo. Sonrió, y me dijo algo como "¡Tremendo y violento, eh!" Yo ni siquiera le pude contestar.

Me invitó a conocer a sus amigos. Hicimos buenas migas desde el primer momento. Cuando uno comparte un percance como el nuestro con alguien, nace una instantánea afinidad, una espontánea amistad. Se me fue la lengua. Les

One night I was in the bar alone as usual. Melancholy and introverted. I was writing a love poem. Suddenly a bomb exploded across the street. The lights went out. The mirrors, the crystalware, and the bottles were shattered. The revolving glass door was broken into a thousand pieces. I ended up under a table.

When the lights went on, I discovered I was not alone. Beside me, and holding on to me, was an Englishwoman. Her evening dress was wrapped around her neck and head. Her body was exposed. I saw everything and saw nothing. The long underpants she was wearing covered everything, modestly and decorously, down to her knees. They weren't made of parachute nylon.

I remembered, absurdly, a scene from the movie *A Farewell to Arms* in which Gary Cooper finds himself under a table with a lovely lady during a bombing raid. He has a bottle of champagne, and he removes her shoe and pours her a drink. They toast each other with the shoes full. Very romantic, that. Unfortunately, I didn't have a bottle of champagne.

My lovely lady got hold of herself before I did. She stood up serenely, straightened out her skirt, and looked down at me laid out on the floor. She smiled and said something like "Smashing, isn't it?" (or maybe it was "Ripping, isn't it?"). I couldn't even answer her.

She asked me to meet her friends. We hit it off beautifully immediately. When one shares a shattering experience like ours, an instantaneous affinity, a spontaneous friendship is born. I was carried away. I told them about my recent marriage and even read them the love poem I had just composed.

Loretta St. Claire and I got along best of all. Perhaps it was because we had the sensation of having descended into the valley of death itself together, that somehow we owed each other our lives. Perhaps it was because she was engaged to a

conté de mi reciente matrimonio y hasta les leí los versos que acababa de componer.

Loretta St. Claire y yo congraciamos en especial. Tal vez porque teníamos la sensación de haber descendido hasta el mismo valle de la muerte juntos, que de alguna manera nos debíamos la vida uno al otro. Quizás fuera porque ella estaba comprometida a un joven militar en tierra enemiga y compartía conmigo la ausencia de su amor. Compartimos nuestra mutua soledad y la convertimos en algo bello y noble. Acaso fuera un verdadero agradecimiento por parte de ella por lo que los americanos hacían por Inglaterra. En todo caso, conmigo se sentía a salvo. Quedamos en vernos en mi siguiente licencia.

Cuando llegué a la estación, allí estaba Loretta esperándome. Me sacudió verla en uniforme. No lo esperaba. Llevaba una maleta. Yo también traía una bolsa para ella, víveres, imposibles de conseguir en Inglaterra. Fuimos al hotel. Me inscribí y entregué mi bolsa de comestibles. Ella subió a mi habitación a cambiarse de ropa. Bajó vestida de civil. Salimos a la calle. A mí ni siquiera se me antojó subir a la habitación con ella. Claro, estaba enamorado de mi esposa, pero, además, había entonces un respeto, casi reverencia, a la mujer que ojalá volviera.

Loretta me llevó por todos los rincones y escondites pintorescos de Londres esa tarde y en otras que siguieron. Yo andaba buscando un juego de té de plata esterlina para regalo para mi esposa. Me pareció que sería digno y significativo regalo. Fuimos a todos los almacenes elegantes. Los hallamos, pero costaban más de lo que yo podía pagar. Fuimos a las casas de empeño. Lo mismo. Después opté por un juego de peltre. Ocurrió lo mismo. Llegué a conocer Londres y su manera de ser como pocos. Gracias a Loretta. Por la tarde volvíamos al hotel a comer, a bailar y echarnos unas copas.

Cuando lo tienes, no le pones atención. No te hace falta. Cuando no lo tienes, no piensas en otra cosa. Por alguna razón

young man in uniform in enemy territory and shared with me the absence of a loved one. We shared our mutual loneliness and converted it into something lovely and noble. Maybe it was a sincere appreciation on her part for what the Americans were doing for England. In any case, she felt safe with me. We agreed to meet during my next leave.

When I arrived at the station, Loretta was there waiting for me. It shocked me to see her in uniform. I didn't expect it. She was carrying a bag. I had a bag for her too, food impossible to get in England. We went to the hotel. I registered and turned over my package of food. She went up to my room to change clothes. It didn't even occur to me to go up to the room with her. Of course, I was in love with my wife, but in addition there was at that time a respect, almost a reverence, for women that I hope we'll see again.

Loretta took me through all the picturesque corners and hide-outs of London. I was looking for a sterling silver tea set as a gift for my wife. I thought it would be a worthy and significant gift. We went to all the elegant shops. We found it, but it cost more than I could pay. We went to the pawnshops. The same thing. Then I decided to get a pewter set. The same things happened. I got to know London and its ways as very few people did. Thanks to Loretta. In the evening we returned to the hotel to eat, dance, and to have a few drinks.

When you have it, you don't notice it. You don't need it. When you haven't got it, you can't think of anything else. For some reason our commissary didn't have any tomatoes. It had fresh oranges from Valencia and other fruits and vegetables from other places. No tomatoes. I don't know why. In those days there were in America and in England what were called Victory Gardens. People planted and produced vegetables on their city lots. This was to help the war effort.

One day I received a package by mail from London. Tomatoes, small, yes, but red and ripe, that Loretta had sent

nuestra comisaría no tenía tomates. Tenía naranjas frescas de Valencia y otras frutas y verduras perecederas de otras partes. Tomates, no. Quién sabe por qué. Había entonces en América y en Inglaterra lo que llamaban "Huertos de Libertad". Los vecinos sembraban y producían verduras en sus solares. Esto era apoyar el esfuerzo de guerra.

Un día recibí por correo un paquete de Londres. Eran tomates, pequeños sí, pero rojos y maduros, que Loretta me envió de su jardín. Abrir el paquete y el desaparecer de los tomates fue una y la misma cosa. Los héroes del Teatro Europeo de Operaciones se volvieron locos con los tomates. Yo tuve suerte de quedarme con uno.

Mi tour de combate terminó. Volví a mi casa. Me entregué cuerpo y alma a mis estudios graduados. Hice a un lado todo recuerdo de mi experiencia militar. De vez en cuando me venían recuerdos de Loretta pero pronto se me perdían en mis afanes intelectuales.

Un día leí en el periódico que había hambre en Londres. Se volcó sobre mí todo un cielo de recuerdos y una terrible sensación de vergüenza y culpabilidad. Quise enviarle a Loretta dinero y víveres. Pero había olvidado el número de su casa y el nombre de su calle.

Me dediqué de todo corazón a recordar. A través de perseverancia fui sacando del olvido, poco a poco, cifra por cifra, el número de su casa. Luego, letra por letra, el nombre de su calle. Entonces le escribí. No sabía si vivía donde mismo. La última vez que vi su casa estaba seriamente dañada en un bombardeo.

No recibí contestación. Pasaron meses, y un día recibí carta de ella de Canadá. Me dijo que se había casado con su antiguo novio y que ahora vivía en Canadá. Se había casado con su novio canadiense. Allí terminó nuestra historia.

Ahora, a través de tanto tiempo, al escribir esta memoria, me reboza el sentimiento. Recuerdo, con todo cariño, a esa

me from her garden. The opening of the package and disappearance of the tomatoes was one and the same. The heroes of the European Theater of Operations went crazy about the tomatoes. I was lucky to get just one.

My combat tour came to an end. I came home. I plunged, body and soul, into my graduate studies. I put aside all my memories of my military experience. From time to time memories of Loretta came to me, but they were soon lost in my intellectual concerns.

One day I read in the paper that there was famine in London. A whole bundle of memories descended on me as well as a terrible feeling of shame and guilt. I wanted to send Loretta money and food. But I had forgotten her house number and the name of her street.

I dedicated myself with all my heart to remembering. Through perseverance, little by little, I began drawing out from the back of my brain, cipher by cipher, the number of her house. Later, letter by letter, the name of her street. Then I wrote to her. I didn't know if she still lived in the same place. The last time I saw her house it had been seriously damaged in a bombing raid.

I didn't receive an answer. Months went by, and one day I received a letter from her from Canada. She had married her Canadian fiancé. Our story ended there.

Now, after such a long time, as I write these reminiscences, my feelings overflow. I remember with deep affection that noble lady who showed me the beauty and nobility of England and its people. I remember the luminosity of her golden hair, the whiteness and cleanness of her skin, the sparkle and charm of her eyes, the elegance of her walk, the light of her intelligence. I, too, gave her pieces of parachute nylon, but I never knew if she made blouses or undergarments. Now, I wonder. . . .

noble dama que me hizo ver la belleza y nobleza de Inglaterra y su pueblo. Recuerdo la luminosidad de su cabello de oro, la blancura y limpieza de la tez de su cara, la chispa y gracia de su mirada, la elegancia de su andar, la luz de su inteligencia. Yo también le di piezas de nilón de paracaídas, pero nunca supe si se hizo blusas o ropa interior. Ahora, me pregunto . . .

Quisiera ahora agradecerle la bondad, la amistad, la generosidad que le dio a un joven solitario, enamorado y melancólico en tiempo de guerra, entre bombas y temores. Quisiera, Loretta, que leyeras estas páginas.

I would now like to thank her for the kindness, the friendship, the generosity she gave to a lonely, melancholy young man in love in time of war as bombs fell and fear reigned. I wish, Loretta, that you could read these pages.

Fatiga
de combate

Combat
Fatigue

Estábamos agrupados alrededor del piano en la NAFI. Estábamos cantando canciones sentimentales americanas y tomando cerveza. Era una celebración. Uno de nuestros ametralladores, que había cumplido su tour de combate y había vuelto a los Estado Unidos, estaba otra vez con nosotros. Al parecer no pudo tragarse la disciplina, todos los reglamentos y obligaciones, del servicio en casa, de modo que se alistó voluntario para un segundo tour de combate. La camaradería, el compañerismo, que existe entre combatientes es algo noble y bello que contemplar. Viene, me parece, del haber enfrentado el peligro juntos, y de haber compartido el terror y la desesperación. Estábamos nosotros verdaderamente felices de ver a Larry, y él estaba feliz de haber regresado.

En un punto en una de las canciones, cuando habíamos alcanzado una alta nota, todas nuestras voces se callaron. Todas excepto una. La voz de Larry siguió subiendo, cada vez más alto, hasta que se convirtió en un chillido. Luego vimos que estaba gritando y arrancándose las ropas desesperadamente como si le estuvieran sofocando. Después salió corriendo del edificio al campo. Todos salimos en pos de él. Al fin alguien le atrapó. Fue necesario someterlo a la fuerza. Vino una ambulancia y se lo llevó al hospital. No lo volvimos a ver.

Era fatiga de combate. Todos habíamos oído historias y lo habíamos discutido entre nosotros, cada quien esperando que

We were gathered around the piano at the NAFI. We were singing sentimental American songs and drinking beer. It was a celebration. One of our gunners, who had completed his combat tour and returned to the United States, was back with us. It seemed he couldn't take the discipline, all the rules and regulations, of duty at home, so he volunteered for a second tour of combat. The camaraderie, the esprit de corps that grows among fighting men is something noble and beautiful to behold. It comes, I believe, from having faced danger together and sharing the fear and despair of it. We were truly happy to see Larry, and he was happy to be back.

At one point in one of the songs, when we reached a high note, everyone's voices stopped. Everyone's except one. Larry's voice kept going higher and higher until it became a screech. The next thing we knew, he was screaming and desperately tearing his clothes off as if they were smothering him. Then he ran out of the building onto the field. We all ran out after him. Finally someone tackled him. He had to be subdued forcibly. An ambulance came and took him off to the hospital. We never saw him again.

It was combat fatigue. We had all heard stories about it and discussed it among ourselves and each of us hoped it wouldn't hit him. This was the first time we had seen it. Needless to say, this tragic and emotional episode had a very depressing effect on all of us.

no le pegara a él. Ésta fue la primera vez que lo vimos. Basta decir que este trágico y emocional episodio tuvo un efecto deprimente en todos nosotros.

Mi tour de combate duró setenta días, desde el día que salí de Newfoundland hasta el día que volví a Nueva York. Cuando se toma en cuenta los ocho días que pasé en Belfast esperando mi turno y los quince días que esperé mi último vuelo, se verá que hice treinta y cinco vuelos de combate en cuarenta y siete días.

Veinte y cinco vuelos consistían un tour al principio. Luego lo subieron a treinta. Cuando yo empecé a volar lo subieron a treinta y cinco. Los médicos recomendaban que un aviador de bombardeo no debía de hacer más de cinco vuelos por mes. Todos nuestros vuelos eran a treinta y cinco mil pies de altura o más. Muchos de ellos duraban doce horas, las más de ellas en oxígeno. El intenso frío, el avión sin presión ni aire acondicionado, la postura incómoda, el terror constante, cobraban la tarifa. El agotamiento físico, nervioso y emocional nunca había sido medido o estudiado.

Mi tripulación empezó a volar en la primavera de 1944 cuando casi toda la embarcación era para la preparación de la invasión de Europa. Como consecuencia, nosotros en la aviación nos encontrábamos cortos en personal y en armamentos. Estábamos volando casi todos los días en aviones remendados.

Hubo una ocasión en que hicimos nueve vuelos consecutivos al corazón de Alemania en nueve días consecutivos. Esto fue cuando la Fuerza Aérea de los Estados Unidos estaba destruyendo el aparato militar de los alemanes y su voluntad para pelear.

Si un vuelo de alta altura es agotador, se puede imaginar lo que serían nueve vuelos seguidos. Llegó un momento cuando dejamos de comer; no había apetito, no había fuerzas.

My combat tour lasted seventy days from the day I left Newfoundland to the day I returned to New York. When you take into account the eight days I spent in Belfast waiting for an assignment and the fifteen days I waited for my last mission, you'll see that I flew thirty-five combat missions in forty-seven days.

At first twenty-five missions constituted a tour of duty. Then it was upped to thirty. When I started flying, it was upped to thirty-five. The medics recommended that a bomber flyer should not fly more than five missions per month. All of the missions were at an altitude of thirty-five thousand feet or more. Many of them would last twelve hours, most of those hours on oxygen. The intense cold, the unpressurized plane, the cramped position, the constant fear took their toll. The physical and emotional drain on the flyers had never been gauged or studied.

My crew started flying in the spring of 1944 when most of what was being shipped in was going into the preparation of the invasion of Europe. As a consequence, we in the air forces were short of men and material. We were flying almost every day in patched-up planes.

There was one time when we flew nine consecutive flights deep into Germany on nine consecutive days. This was the time when the U.S. Army Air Force was destroying the German war machine and the German will to fight.

If one high-altitude flight is exhausting, you can imagine what nine in a row must be. There came a time when we stopped eating: no appetite, no energy. We stopped talking: too much effort. We couldn't sleep either. We'd drop on our bunks fully dressed and stare into space until we were called to fly the next mission. Then we'd march mechanically, like robots or zombies, back to our planes. I believe we stopped thinking and feeling, too.

Dejamos de hablar, demasiado esfuerzo. No podíamos dormir tampoco. Nos echábamos en nuestro catre vestidos, la mirada fija en el espacio, a esperar el siguiente vuelo. Luego marchábamos mecánicamente, como robots o sonámbulos, a nuestros aviones. Creo que dejamos de pensar y sentir también.

El seis de junio de 1944, Día de la Invasión, había once mil aviones aliados en el aire a la misma vez. En ese momento la Mancha Inglesa estaba hirviendo con aparatos navales llenos de soldados. Olas y olas de combatientes estaban aterrizando en las playas de Europa. Estaban cayendo bombas aéreas en todas partes. Proyectiles estaban explotando por dondequiera. Los tanques rodaban y disparaban. Ametralladoras, rifles y granadas llenaban el aire de ruido y trueno. Miles de hombres estaban muriendo y sangrando. Un holocausto, una vorágine, una grotesca erupción de sangre y entrañas.

Ser parte de una empresa tan colosal, donde la guerra y la paz, la victoria y la derrota, la vida y la muerte están en la balanza, es enchufarse en la fuente de la vida, la fuerza de la naturaleza, la hermandad humana. No hay palabras para describir nuestro estado de ánimo, nuestro compromiso. Depositábamos nuestras bombas en Pas-de-Calais o St. Lô y volvíamos a recargar para hacerlo otra vez. El destrozo era nuestro negocio. El olor de la sangre y de la pólvora intoxican y enloquecen. El olor de la muerte es afrodisíaco, de alguna manera relacionado con la supervivencia. Estábamos participando en una orgía de asolación, caos y destrucción, montados en una ola de éxtasis histérica, un salvajismo que se remontaba a edades primitivas.

Después de la invasión nuestros vuelos se extendieron hasta los últimos rincones del imperio alemán. Le pegamos a Berlín, Frankfurt y Leipzig. La Fuerza Aérea Alemana andaba desesperada, arrinconada. Se hizo suicida. Sistemática-

On June 6, 1944, D-day, there were eleven thousand allied planes in the air at the same time. At the same moment the English Channel was churning with naval craft loaded with fighting men. Wave upon wave of men were landing on the beaches of Europe. Aerial bombs were falling everywhere. Artillery shells were exploding all over. Tanks were rolling and firing. Machine guns, rifles, and grenades filled the air with sound and fury. Men were bleeding and dying by the thousands. A holocaust, a vortex, a grotesque eruption of blood and guts.

To be a part of such a colossal enterprise in which war and peace, victory and defeat, life and death hang in the balance is to plug into the life source, the power of nature, the brotherhood of man. There are no words to describe our excitement, our commitment. We'd drop our bombs on Pas-de-Calais or St. Lô and return to reload and do it again. Mayhem was our business. The smell of blood and the smell of gun smoke are intoxicating and maddening. The smell of death is an aphrodisiac, somehow linked to self-preservation. We were participating in an orgy of havoc, chaos, and destruction and riding a wave of hysterical ecstasy, a savagery going back to primitive ages.

After the invasion our missions extended to the far-flung corners of the German empire. We hit Berlin, Frankfurt, Leipzig. The German Air Force was desperate, its back up against the wall. It became suicidal. We systematically kept on shooting their planes out of the air, destroying their factories, their cities, railroads, and gasoline and ammunition depots. The German will to live and fight disintegrated. All the time the Allied armies were devastating the German landscape and fertilizing the soil of Europe with German flesh and blood. The Allied navies were sending German ships and submarines to deep, dark, and cold graves.

mente nosotros seguíamos derribando sus aviones, destruyendo sus fábricas, ciudades, ferrocarriles, sus depósitos de municiones y gasolina. La voluntad alemana de vivir y luchar se desintegró. Mientras tanto los ejércitos aliados estaban devastando el paisaje europeo y abonando la tierra de Europa con carne y sangre alemanas. Las marinas aliadas estaban enviando los barcos y submarinos alemanes a sepulturas hondas, frías y oscuras.

Así andaban las cosas cuando hice mi vuelo treinta y cuatro. Era la tradición en las fuerzas aéreas que un aviador podía escoger su último vuelo. Todas las mañanas me presentaba yo en la orientación esperando un vuelo corto y seguro, "entrega de leche" le llamaban. Cada día el vuelo resultaba ser largo y peligroso, de modo que lo rechazaba. Esto pasó por catorce días. Entretanto yo me estaba poniendo más y más nervioso. Entonces decidí aceptar el siguiente vuelo, fuera lo que fuera. Resultó ser un terrible vuelo, pero eso es otra historia.

De pronto todo acabó. Mi tour de combate había terminado. Me enviaron a casa. Me dieron treinta días de licencia. En casa me trataron como héroe. Eso era verdad sólo si haberse mantenido vivo era heroico. Mis treinta días se pasaron en fiestas, recepciones y comidas con amigos y parientes, y aun con extranjeros. La ola de nacionalismo y patriotismo que inundó a los Estados Unidos durante la Segunda Guerra Mundial es difícil de comprender cuarenta años más tarde.

Hacia el fin de mi permiso empezaron a aparecer las primeras incursiones en mi tranquilidad mental. Me empezaron a temblar las manos. Me avergonzaba cuando se me caía la comida del tenedor o cuando volcaba el vino o el café. Cuando alguien cerraba una puerta detrás de mí saltaba a través de la habitación. Empezaron también las pesadillas. Despertaba gritando. Me venían fiebres y sudaba mucho.

This was the situation when I flew my thirty-fourth mission. It was the tradition in the air forces that a flyer could pick his last mission. Every morning I'd show up at orientation, waiting for a short, safe mission, a "milk run," as it was called. Every day it turned out to be a long, dangerous mission, so I'd turn it down. This went on for fourteen days. In the meantime I was getting more and more nervous. I then decided I'd take the next day's mission whatever it might be. It turned out to be a wicked one, but that's another story.

All of a sudden it was over. My tour of duty was complete. I was sent home. They gave me a thirty-day leave. At home I was considered a hero. That was true only if staying alive is heroic. My thirty days were spent at parties, receptions, and dinners with friends and relatives, and even strangers. The wave of nationalism and patriotism that hit the United States during the Second World War is difficult to understand forty-five years later.

Toward the end of my leave the first incursions into my peace of mind began to appear. My hands began to shake. It became embarrassing when I couldn't hold my food on my fork, or when I'd spill my wine or coffee. When someone would slam a door behind me, I'd jump across the room. The nightmares started then, too. I would wake up screaming. I ran a fever, and I'd perspire a great deal.

When I reported back to duty, I was sent to a luxury hotel in Santa Monica, California. The Army called us "happy warriors," and there were posters to that effect all over the hotel. We were treated like conquistadors. We had private rooms with room service. Even the daily papers were delivered to our rooms. The dining room provided us with haute cuisine and the most spectacular entertainment. At six o'clock every evening Hollywood stars would come and pick up individuals or groups of us for an evening of entertainment at their homes or in the in places of Hollywood or Beverly Hills.

Cuando regresé al servicio, me enviaron a un hotel de lujo en Santa Mónica. El ejército nos llamaba "guerreros alegres", y había letreros al respecto por todo el hotel. Nos trataron como conquistadores. Teníamos habitaciones particulares con servicio. Hasta nos entregaban el periódico a la habitación. El comedor nos proporcionaba haute cuisine y los shows más espectaculares.

A las seis de la tarde todos los días venían las estrellas de Hollywood a recogernos en grupos o solos para una noche de fiesta en sus casas o en los bistros elegantes de Hollywood y Beverly Hills. Cuando salíamos a la calle, las señoras nos abrazaban con lágrimas en los ojos para expresar su agradecimiento. Cuando íbamos a un restaurán o a un club y era hora de pagar, descubríamos que alguien había pagado nuestra cuenta. Fuimos en tours de los estudios guiados por las estrellas mismas. Yo bailé con muchas estrellas de Hollywood y les besé la mano. El agradecimiento de la nación se desbordaba. Este agradecimiento se les negó a los veteranos de la Guerra de Vietnam.

Mientras tanto las pesadillas seguían, más violentas al pasar el tiempo. Había una que se repetía. Era un remolino de sangre, algo como un tornado, que empezaba en la distancia siempre acercándose. Cuando descendía sobre mí, y amenazaba tragarme, despertaba gritando y bañado de sudor. Los temblores ya no se limitaban a las manos. Ahora me acosaban por todo el cuerpo. Estaba perdiendo control de mi cuerpo y de mis circunstancias.

Un reconocimiento físico y sicológico determinó que yo estaba sufriendo de aguda fatiga de combate. Me enviaron a un hospital de convalecientes en Santa Ana, California. Los médicos no tenían conocimientos de la fatiga de combate. De seguro había ocurrido antes en tiempo de guerra, pero no lo habían diagnosticado acertadamente. Ellos creían que lo que necesitábamos era descanso, paz, buena comida y recreo. Eso fue lo que nos dieron. Fue un error.

When we went out into the streets, ladies would embrace us with tears in their eyes and thank us. When we went to a restaurant or a cocktail lounge and it came to pay, we'd discover someone had picked up our tab. We went on tours of the studios with the stars themselves as our guides. I danced with many a Hollywood star and kissed her hand. The gratitude of the nation was overflowing. This gratitude was denied to the veterans of the Vietnam War.

All this time the nightmares continued, getting more violent as time went on. A recurrent nightmare was a whirlpool of blood, something like a tornado, that started in the distance, moving ever closer. When it came upon me and threatened to suck me in, I'd wake up screaming and bathed in sweat. The shaking was no longer limited to my hands. It had taken over my whole body. I was losing control of my body and my situation.

A physical and psychological examination determined that I was suffering from severe combat fatigue. I was sent to a convalescent hospital in Santa Ana, California. The medics didn't understand combat fatigue. Surely it happened before in times of war, but they had failed to diagnose it accurately. They felt that what we needed was rest, peace, good food, and recreation. That was what we got. It was a mistake.

What we needed was action, involvement, something to get our minds off ourselves, something to blot out memories. Something to make us tired enough to be hungry and to be able to sleep. Idleness only exacerbated our condition. I had to beg to be put back on active duty.

In the spring of 1945 I was released from the convalescent hospital and assigned to the Air Force base in Laredo, Texas, as an instructor for combat crews training to go into action. The war in Europe was not over, and the war in the Pacific was in full swing.

Lo que nos hacía falta era acción, compromiso, algo que nos sacara de nuestro ensimismamiento, algo que pusiera las memorias en la sombra. Algo que nos cansara lo bastante para sentir hambre y para poder dormir. La ociosidad sólo exacerbaba nuestra condición. Tuve que rogar para que me pusieran en servicio activo.

En la primavera de 1945 me descargaron del hospital de convalecientes y me asignaron como instructor en la base aérea de Laredo, Texas, donde estaban entrenando tripulaciones de combate. La guerra en Europa no había terminado, y la guerra en el Pacífico estaba a todo dar.

Había treinta y ocho mil soldados estacionados en la base. La población de Laredo era treinta y ocho mil. Un gran número de los soldados eran veteranos, de modo que tenían a sus familias con ellos. La vivienda era un problema serio. Había gente viviendo en chozas sin plomería. El comandante de la base vivía en el lado mexicano.

Me dediqué a buscar casa para mí y para mi esposa. Parecía imposible. Iba de casa en casa y era rechazado una y otra vez. Al fin, cuando parecía que nunca iba a hallar vivienda, una señora que vivía sola me alquiló una habitación con privilegio de cocina. Creo que mi español tuvo mucho que ver con ello, junto con mi cara honrada, claro.

Era una casa grande y preciosa, elegantemente amueblada. El jardín era hermoso, y venía con jardinero. La señora vivía sola porque su marido era ingeniero y estaba construyendo una presa en el Río Grande en Brownsville. No tardó mucho ella en decidir que nosotros éramos gente responsable. Se fue con su marido y nos dejó la casa.

Hay más de novecientas millas entre Albuquerque y Laredo. Nada más que ardiente desierto entre los dos puntos. Ese viaje fue una experiencia. Los carros no tenían aire acondicionado entonces. Hasta podíamos ver las ondas de calor reluciendo ante nosotros. Conducíamos con las ven-

There were thirty-eight thousand soldiers at the base. The population of Laredo was thirty-eight thousand. A large number of the soldiers were veterans, so they had their families with them. Housing was a serious problem. There were people living in shacks without plumbing. The commandant of the base lived on the Mexican side.

I set out to find a place to live for myself and my wife. It seemed hopeless. I'd go from house to house and was turned down over and over again. Finally, when it appeared I'd never make it, a lady who lived alone agreed to rent me a bedroom with kitchen privileges. I think that my Spanish had a lot to do with it, along with my honest face.

It was a big, beautiful house, elegantly furnished. The garden was delightful, and it came with a gardener. The lady of the house lived alone because her husband was an engineer, and he was building a dam on the Rio Grande in Brownsville farther south. It took only a short time for her to decide that we were responsible people. She went to join her husband and left her house in our care.

Laredo is over nine hundred miles from Albuquerque. Nothing but burning desert in between. Making that trip at that time was an experience. Cars didn't have air conditioning then. We could actually see the heat waves shimmering ahead of us. We drove with the windows down. The hot wind rushed in, searing, lacerating us. I'd look at my wife and her face was on fire. We made the same trip several times later, but we drove at night.

We arrived in Laredo exhausted, dehydrated and learned to live in a place where the temperature soared to unbearable heights. Where not even rain provided relief from the unrelenting heat. It only made the earth steam and smolder like a caldron. There was no air conditioning for the houses. My wife and I would attenuate the onslaught of the sun by drenching each other with the hose in the garden. In the late

tanas abiertas. El caliente viento embestía, quemándonos, lacerándonos. Yo miraba a mi esposa, y tenía la cara encendida. Hicimos el mismo viaje varias veces después, pero viajamos de noche.

Llegamos a Laredo agotados, deshidratados, y aprendimos a vivir en un lugar donde la temperatura sube a alturas inaguantables. Donde ni siquiera la lluvia trae alivio del inexorable calor. La lluvia sólo hace a la tierra generar vapor y hervir como una caldera. No había refrigeración para las casas. Mi esposa y yo atenuábamos el asalto del sol mojándonos con la manguera en el jardín. Por las tardes íbamos a los emporios de sandías a comer sandías al hielo. Por la noche cruzábamos la frontera a Nuevo Laredo, México, a recoger una botella de ron Bacardí y traerla al seco Laredo, Texas. Había sitios que proveían hielo y colas. Allí tomábamos y bailábamos hasta que refrescara lo suficiente para poder acostarse. Había una canción popular entonces, "Bebiendo ron y Coca Cola". El ron era de México. La Coca Cola era de los Estados Unidos.

Nuestra amistad con la dueña de nuestra casa nos introdujo en la alta sociedad de Laredo. Nos movíamos en círculos sociales de arco iris. A través de ella muchos de nuestros amigos en uniforme fueron invitados y aceptados en reuniones personales y familiares.

Ella—y no menciono su nombre—tenía un buen negocio. Comerciantes mexicanos iban a Nueva York y otros mercados a comprar ropa de mujer en grandes cantidades. Esta mercancía era enviada a Laredo. Ella sorteaba la ropa y la enviaba a México en pequeños paquetes a una lista de direcciones provista por el comerciante como "regalo" o "efectos personales", así burlando a la aduana.

Mis amigos, pilotos, ametralladores, bombarderos, navegadores, no podían creer el domicilio lujoso que yo gozaba. No podían comprender cómo los dioses de Olimpo o Parnaso

afternoons we would gorge on ice-cold watermelon. In the evening we would go across the border into Nuevo Laredo, Mexico, and pick up a bottle of Bacardi rum and bring it back into dry Laredo, Texas. There were places that provided you with ice and mixes. There we would drink and dance until it was cool enough to go to bed. There was a popular song in those days, "Drinking Rum and Coca Cola." The rum came from Mexico. The Coca Cola came from the United States.

Our friendship with our landlady introduced us into high society in Laredo. We moved in rainbow social circles, thanks to her. Because of her, many of our friends in uniform were invited and accepted at personal and family gatherings.

She—and I refrain from naming her—had a good thing going. Mexican merchants would go to New York and other markets to buy female apparel in large quantities. These goods would be shipped to Laredo. She would then sort them and mail them in small packages to a list of addresses in Mexico, provided by the merchants, as "gifts" or "personal effects," thus thwarting the customs office.

My friends, pilots, gunners, bombardiers, navigators, could not believe the palatial quarters I enjoyed. They couldn't understand that the gods on Olympus or Parnassus would look with favor on a kid from northern New Mexico. Just maybe, those guys up there are for the underdog.

Rationing didn't quite work in Laredo. It seemed that Texas had meat and gasoline to spare. Other items that were scarce, like sugar, were no problem. All you had to do was cross the border and buy them there.

My teaching assignment at the base was quite satisfactory. It felt good to be able to give those eager young men practical instruction and information on things the way they really were. All in all my stay in Laredo was pleasant in every way. My wife was with me. Working conditions were excellent. People were friendly. Our living quarters were supe-

miraron con tanto favor a un chico del norte de Nuevo México. Tal vez, esos tíos allá arriba están a favor de los de abajo.

El racionamiento no funcionó en Laredo. Al parecer Texas tenía carne y gasolina de sobra. Otras cosas que estaban escasas, como el azúcar, no eran problema. Todo lo que tenías que hacer era cruzar la frontera y comprarlas allí.

Mi tarea de instructor en la base fue bien satisfactoria. Te sentías bien en poder darles a esos jóvenes afanosos instrucción e información prácticas sobre las cosas como verdaderamente eran. Visto en total, mi estancia en Laredo fue grata en todo sentido. Mi esposa estaba conmigo. Las condiciones de trabajo eran excelentes. La gente era amable. Nuestra vivienda era superior. Hasta aprendimos a adaptarnos al intenso calor. Recuerdo a Laredo con cariño.

Mientras estaba en Laredo mi situación física y mental mejoró dramáticamente. Las pesadillas y los temblores desaparecieron. Podía vivir y respirar de una manera normal otra vez. Pero apareció algo nuevo. La piel de mis manos y pies empezó a reventar. Pequeñas agrupaciones de ampollas, algo como rosetas, en la piel. Otra vez, los médicos no supieron qué hacer con ellas. Las quemaban con rayos X o las bañaban con crema de calamina y otros ungüentos. Estaban tratando las síntomas, no las causas. Mis estudiantes se impresionaron mucho cuando yo aparecía en mis clases con las manos y los pies envueltos en vendas, consecuencia de mi condición de fatiga de combate y prueba patente de la herencia de la guerra.

Estaba yo en Laredo cuando terminó la guerra en Europa. La guerra en el Pacífico estaba para terminar. Las fuerzas armadas se dispusieron a dar de alta a los hombres en uniforme. Los soldados eran descargados por un sistema de puntos. Tantos puntos por servicio de ultramar, tantos puntos

rior. We even learned to adapt ourselves to the intense heat. I remember Laredo with affection.

While I was in Laredo my physical and mental situation improved dramatically. The nightmares and the shaking disappeared. I could live and breathe in a normal way once again. But something new turned up. My hands and feet started breaking out. Little clusters of blisters, shaped somewhat like rosettes, appeared on my skin. Again, the medics didn't know how to handle them. They would burn them with X-ray treatments or bathe them with calamine lotion and other ointments. They were treating the symptoms, not the causes. My students were quite impressed when I showed up in class with my hands and feet wrapped in bandages, an aftermath of my combat fatigue condition and proof on the hoof of the legacy of war.

I was in Laredo when the war in Europe ended. The war in the Pacific would end shortly. The armed forces set about releasing men in uniform. Servicemen were released on a point system. So many points for months of service, so many points for overseas duty, so many points for combat duty, so many points for decorations and medals. I had accumulated a considerable number of points in all areas. So I was discharged quite early.

Forty-five years have gone by. The results of combat fatigue are still with me. Any time I'm under pressure I break out in a rash. On my hands, on the back of my neck, behind my ears, on my elbows or knees. The itching is just as fierce as it used to be. As a university professor, living a rather public life, by far the most courageous thing I've ever done, the strongest exercise of will power has been not to scratch in front of people.

por servicio de combate, tantos puntos por medallas y condecoraciones. Yo había acumulado un número respetable de
puntos en todas esas áreas. De modo que fui descargado bien
temprano.

Han pasado cuarenta y cinco años. Todavía están conmigo
los resultados de la fatiga de combate. Cuando estoy bajo
presión, me revienta la piel en una sarna. En las manos, la
nuca, detrás de las orejas, los codos o las rodillas. Como
profesor universitario, haciendo una vida bastante pública,
lo más valeroso que yo he hecho, el mayor ejercicio de
voluntad, ha sido no rascarme delante de la gente.

Nosotros, los que fuimos a la guerra, no regresamos lo
mismo. Algo dejamos allá, o recogimos algo por allá. Hay
millones de nosotros en este país. No sólo cambiamos nosotros sino que nosotros, en cambio, hemos afectado y cam-
biado a todos los que nos rodean. La guerra no es algo que
cuelgas en el ropero y lo olvidas. La guerra es algo que llevas
bajo la piel.

Those of us who went to war didn't return the same. We left something over there, or we picked up something over there. There are millions of us in this country. Not only were we changed but we, in turn, have affected and changed all the people around us. War is not something you hang in the closet and forget about. War is something you carry with you under your skin.